Le philosophe-roi

Du même auteur

Philosophie politique, Masson, 1972.
En collaboration avec Thomas Stern, traduction de *Pensées sur Machiavel* de Leo Strauss, Payot, 1982.

Michel-Pierre Edmond

Le philosophe-roi

Platon et la politique

Petite Bibliothèque Payot

Retrouvez l'ensemble des parutions
des Éditions Payot & Rivages sur

www.payot-rivages.fr

Ce livre a été publié dans la collection
« Critique de la politique » dirigée
par Miguel Abensour.

Au palais du Vatican, dans la chambre de la Signature, se trouve une fresque, peinte par Raphaël, et qui représente *L'École d'Athènes*. Au centre de la fresque, Platon porte le *Timée* et désigne le ciel de l'index levé ; il débat avec Aristote qui tient l'*Éthique* et dirige la paume de sa main vers le sol. Deux gestes qui, pour toute une tradition, résument leur propre philosophie.

Mais c'est la première fois (et la dernière aussi) qu'en philosophie nous voyons, avec les dialogues de Platon, des personnages en chair et en os débattre, sans concession aucune, des questions les plus importantes qui touchent à la vie concrète des hommes. Certains personnages ont les yeux tournés vers le ciel et d'autres non ; mais tous, à l'instar de l'*Adam et Ève* de Masaccio, ont les pieds qui reposent directement sur le sol…

CHAPITRE PREMIER

Présentation

1° Il s'agit de montrer pour quelle raison, interne à sa philosophie, Platon fait de la constitution d'un ordre politique la tâche essentielle du philosophe. Nous redécouvrirons le thème célèbre du philosophe-roi, thème qu'il faudra prendre au pied de la lettre.

2° On montrera ensuite que l'interprétation christianisante de l'œuvre de Platon – interprétation qui fonctionne depuis des siècles telle une orthodoxie et contre laquelle ce travail de mise au point est en partie dirigé – réduit ou tend à réduire cette tâche à quelque chose de secondaire voire d'inessentiel. Pour le platonisme chrétien, le philosophe doit échapper au temps de la vie présente, vouée à l'instabilité, au mal et au malheur, fuir loin de l'« ici-bas » ou du « monde sensible » où son âme erre en exil, pour faire retour à la patrie divine, pour rejoindre le « monde des idées » qui se trouve au-delà du monde terrestre. Le philosophe, par la contemplation des idées, se rend semblable au divin et peut espérer après sa mort la fusion de son âme, ainsi transformée, avec lui. Cette interprétation fait de la vie contemplative l'idéal religieux et mystique de cet homme d'élite qu'est le philosophe ; elle privilégie le seul perfectionnement de l'individu et rabaisse considérablement la visée du perfectionnement des hommes dans et par la vie politique. Celle-ci se réduit à l'organisation des moyens matériels, mieux, terrestres de la vie contemplative : le philosophe demande uniquement à la cité de garantir sa propre sécurité, de le laisser vivre en paix.

3° Critique du platonisme chrétien.

A. – Il gomme le retour du philosophe dans la Caverne. Or les hommes de la Caverne ont « payé ses études » à l'un d'entre eux ; il doit payer sa dette envers eux (apparition du thème de la justice) en y retournant, pour tenter de constituer avec leur collaboration un ordre politique juste. Le programme d'études est tout à fait significatif : géométrie, arithmétique, astronomie, harmonie. Il s'agit de l'apprentissage des sciences de la mesure et du nombre. Mesure et nombre sont pour Platon de nature divine au sens où l'homme ne les invente pas. Il lui revient en revanche de savoir compter et mesurer, c'est-à-dire de mettre en œuvre ces relations logiques et, en leur donnant vie, en les rendant actives, le philosophe pourra construire « ici-bas » une cité juste. L'allégorie de la Caverne s'inscrit à l'intérieur du processus qui doit faire passer les hommes de la nature à la culture, c'est-à-dire, à la vie politique juste.

B. – Le platonisme chrétien pose deux mondes, l'un divin, l'autre humain, figés et clos sur eux-mêmes. Du même coup, il rend aléatoire toute activité médiatrice qui relierait l'un à l'autre. Il ne conçoit un passage de l'un vers l'autre que comme une fuite. Or Platon fait de Socrate un personnage qui mime Éros, ce petit dieu mobile qui lie le ciel à la terre et la terre au ciel. Lier implique une activité de liaison qui suppose un sujet ou un auteur. À cet auteur Platon donne le nom de *démiurge*.

a. – Un démiurge est un artisan, un constructeur. L'exemple le plus significatif qu'en donne Platon est celui du couturier. La couture est un art qui assemble selon des règles plusieurs éléments au départ isolés ou confondus et de nature différente en vue de confectionner les vêtements qui conviendront le mieux à ceux qui les porteront. L'activité démiurgique ne se réduit pas à un savoir-faire routinier ; elle met en œuvre la mesure et le nombre. Qui plus est, elle requiert le savoir de ce qui convient le mieux : d'où, comme nous le verrons, l'importance décisive de la référence au Bien ; car toute construction d'un ordre doit tenir compte de ce qu'il ordonne.

b. – S'il faut un démiurge pour rendre actives les idées divines, c'est parce que, ainsi que l'écrit Platon dans *La République*, « le divin n'est pas cause de tout ». Nous touchons là au point décisif : contrairement au Dieu biblique ou chrétien, qui crée directement le monde, le divin platonicien ne le produit que par l'intermédiaire d'un démiurge qui prend ainsi une part active à la production divine. Tel est le cas du démiurge du *Timée* : il construit un ordre cosmique, le regard fixé sur les idées et sur le Bien. Ce n'est donc pas le monde divin ou celui des idées qui produit cet ordre directement. Il faut un médiateur. Il en est de même pour le dialecticien et pour le philosophe-roi, ces démiurges politiques. On voit bien que la dévalorisation du thème démiurgique par le platonisme chrétien conduit à l'idée du Dieu créateur, au rabaissement de la fonction du philosophe-roi. Si le philosophe a sa vraie vie dans le monde divin, il n'a pas du tout besoin de jouer les démiurges.

La démiurgie est une des pièces maîtresses de la philosophie de Platon. Elle est la cheville ouvrière du travail divin. Le « Dieu n'est pas cause de tout » ne sert pas seulement à innocenter le divin vis-à-vis du mal que font les hommes. Il indique aussi que si nous étions « intelligibles » ou dans l'« intelligible », il n'y aurait pas besoin de démiurgie.

c. – L'âme de la démiurgie, c'est l'âme, précisément ! Si, à l'instar du dieu Éros, les âmes sont de nature divine, c'est parce qu'elles sont douées de la capacité remarquable de *se* mouvoir par elles-mêmes. D'où la divergence radicale avec le futur schéma chrétien qui les fait être mues par la causalité divine, par celle du Dieu créateur. Une image peut aider à faire comprendre le lien qui existe entre l'âme et les idées : celles-ci nourrissent l'âme comme un bon scénario nourrit un acteur. En retour, si un scénario n'était ni mis en scène par un réalisateur ni joué (bien ou mal) par un acteur, il resterait lettre morte. Le divin ou le verbe divin, pour Platon, ne parle jamais directement aux hommes, mais toujours par l'intermédiaire d'âmes démiurgiques auxquelles il revient de construire des *ordres* : ceux des discours et ceux des œuvres à réaliser.

4° Statut de la cité platonicienne.

A. – Si les hommes, qui apprennent à se reconnaître dans la figure du philosophe-roi, doivent se livrer au travail démiurgique, c'est parce qu'ils n'ont pas au départ de *nature* : nulle nature humaine inscrite dans un cosmos qui leur donnerait initialement identité propre et orientation. Nous sommes loin d'Aristote pour qui la nature entière est toujours et déjà chargée de sens et l'homme un « vivant politique ». Les hommes, pour Platon, sont dans le flou, l'indétermination, l'étrangeté, ce dont rend compte la mobilité tous azimuts de leurs âmes. Ils sont à la recherche d'un lieu, d'un statut, d'un office à remplir et ils ne pourront satisfaire cette quête que par la constitution d'ordres. L'institution de la cité correspondra à celle de leur propre identité. C'est là le sens de la fameuse correspondance entre l'âme et la cité.

B. – Il s'ensuit que la véritable opposition n'est pas entre le monde divin ou des idées et le monde terrestre, mais entre le premier et ce que Platon nomme le chaos, l'insensé, la « nécessité aveugle ». Les âmes au travail dans chaque homme se mettent en route vers un monde terrestre qu'il leur faut construire en organisant, autant que faire se peut, cet insensé ; mais ils ne le peuvent qu'en faisant un détour (la sortie de la Caverne) par les idées et par le Bien, c'est-à-dire par l'étude de la mesure divine. C'est dire qu'il n'existera pas de possibilité de cité utopique puisque la formation d'ordres politiques, fussent-ils les plus justes et les meilleurs, est confrontée à un chaos sans cesse renaissant.

C. – La justice politique. Elle est formulée, tout au début de *La République*, dans le « rendre à chacun ce qui lui est dû ». Ce qui implique, dès le départ, la prise en compte des différences individuelles, de celles des situations, dans le temps et dans l'espace. La détermination de ce qui est dû à chacun met en œuvre, d'une part un art de la mesure au sens géométrique du terme (la mesure quantitative), d'autre part un art supérieur, qu'on pourrait rapprocher de l'esprit de finesse (la mesure qualitative), qui tient compte de la diversité des êtres et des domaines qui sont ordonnés, mis en relation les uns avec les autres. D'où le respect de l'hétérogénéité, dans chaque âme, entre les hommes, dans chaque régime et entre les régimes politiques.

C'est, en définitive, la relation de la justice politique à la justice divine qui permettra d'apprécier l'importance de la vie politique dans son rapport à la vie philosophique. Nous tenterons de montrer qu'il n'y a pour Platon qu'une seule justice qui englobe le monde des dieux et le monde des hommes et non pas deux justices, l'une céleste et l'autre terrestre. S'il en était ainsi, il y aurait pour chaque homme une double appartenance ; l'une au divin et l'autre à la vie terrestre ou à la vie politique. Une relation directe de chaque homme à la justice divine autoriserait chaque individu à la dresser contre celle de la cité, à se réclamer d'un Dieu qui serait hors cité et dont la toute-puissance serait infiniment supérieure à la puissance politique. Nous serions en présence d'une cité de Dieu comme juge suprême de la cité des hommes et chaque individu, dépositaire du divin, serait juge de sa cité. Le rejet de la double appartenance fait que la justice est identique chez l'individu et dans la cité. Celle-ci est d'une certaine manière en nous et nous sommes en elle. Elle est bien l'unique lieu d'appartenance des hommes.

Si le divin donne la mesure, c'est aux dialecticiens, tels ceux que *La République* met en scène, qu'il revient de construire un ordre politique. De là naît la responsabilité du philosophe. Il est responsable de ce qu'il dit et de ce qu'il fait, c'est-à-dire des effets de ses paroles et de ses constructions dans le monde. Autant dire que le philosophe platonicien, contrairement à celui d'Aristote, ne se contente pas de contempler l'ordre du monde où le divin serait déjà à l'œuvre, puisqu'il lui incombe de participer à sa manifestation et à sa réalisation.

Pour Aristote, les hommes sont de par leur constitution naturelle des êtres vivants politiques ; la question de la *fondation* de la société politique ne peut donc pas se poser. Platon, inversement, fait de la fondation un thème essentiel. Sur ce point précis, il y a accord entre Platon et Machiavel. L'un et l'autre partent du fait qu'il n'existe initialement aucune sociabilité politique. Mais Platon affirme que grâce à la « partie » raisonnable de leur âme, les hommes sont attirés par le Bien ; que cette attirance suscite le désir de réaliser une société qui peut être plus ou moins conforme à leur vœu. La difficulté commence avec cette autre affirmation de Platon selon laquelle le Bien, en lui-même, n'aspire nullement à réaliser quoi que ce soit, demeure indifférent au fait que les hommes le désirent, car il est toujours « au-delà ». Les hommes ne seront jamais assurés que le Bien leur veut du bien. Ceci rend compte du fait qu'il n'y a pas de sociabilité naturelle politique, laquelle est la marque du Bien dans les hommes. Nulle Providence chez Platon. Ce qui sépare enfin Platon de Machiavel réside en ceci que le Florentin élimine tout désir humain du Bien, supprime le Bien lui-même. Confrontés exclusivement au mal qui est en eux et en dehors d'eux, les hommes ne peuvent compter que sur leur intelligence pour tenter de comprendre le mal et, sur la base de cette compréhension, fonder des sociétés vivables. La position de Platon doit son originalité à la conception qu'il se fait du divin ou du Bien dans sa relation aux hommes.

CHAPITRE II

Le philosophe. « Théétète », 176b

Le texte du *Théétète* dont nous proposons le commentaire permet de mieux éclairer la perspective démiurgique et politique. Platon écrit ceci : « Jamais le mal ne pourra disparaître, car il subsistera toujours quelque chose qui tiendra tête au Bien ; et puisque le mal ne peut avoir son siège parmi les dieux, il fait inéluctablement sa ronde autour de la nature mortelle qui a son lieu ici-bas. Aussi nous faut-il au plus vite décoller du monde terrestre pour le ciel et, ce faisant, nous nous rendrons semblables au divin *(omoïosis théô)* autant qu'il est en notre pouvoir *(dunaton)*. Devenir semblables à lui consiste à devenir justes *(dikaion)*, pieux *(osion)* dans la clarté de l'esprit *(phronèsis)* [...]. C'cst à cela que se juge l'habileté véritable *(deïnotès)* d'un homme ou, tout au contraire, sa nullité[1]. »

1. Le mal est dit *upo-antios*, sub-contraire du Bien ; il n'a pas une positivité absolue ou indépendante, comme l'« autre » du bien. La nullité humaine est dite *an-andria* ; non pas non-humanité, comme l'« autre » de l'homme ; elle caractérise celui qui n'a pas le courage d'être ou de devenir un homme.

1° Ce texte d'une richesse et d'une concision extraordinaires sera huit siècles plus tard, avec Plotin (IIIe siècle après J.-C.), la pierre de touche du « platonisme ». C'est sur la base du commentaire qu'en fait Plotin que s'édifiera le « platonisme chrétien ». Plotin analyse ce texte dans le livre I, chapitre II, des *Ennéades* de la manière suivante :

A. – Est-ce par l'activité politique que l'homme ou plutôt son âme peut se rendre semblable au divin ? (Ce n'est pas un hasard si l'expression *arètè politikè*, ou activité politique, intervient sept fois dans les toutes premières pages du texte.) La réponse est négative ; car la vie politique est totalement inutile au divin, totalement étrangère à sa nature. La vie politique s'enracine dans le corps mortel, dans la matérialité vouée à la corruption et à l'anéantissement.

B. – Devenir semblable à un être indifférent à l'activité politique entraîne pour cette âme qu'elle devienne elle-même indifférente à cette activité.

C. – Par voie de conséquence l'âme, en se désintéressant du corps qu'elle ne peut en outre s'empêcher d'animer jusqu'à ce qu'il meure, s'assimilera à Dieu au point d'« être Dieu » *(theon eïnai)*. Ce glissement est d'importance : les événements de la vie mondaine, vus à la lumière de la contemplation du divin dont l'âme est comme un fragment, s'amenuisent jusqu'à perdre toute consistance.

Un lecteur des *Ennéades* se rend du reste compte que la cité comme thème théorique et pratique a disparu dans cette œuvre. Il y a là une critique sous-jacente de ce qui est considéré comme la manie propre à Platon de faire des constitutions, des voyages à Syracuse, de faire de la politique dans des conditions qui sont tout sauf idéales… Avec ce commentaire de Plotin se met en place la figure du philosophe aristocrate du savoir et contempteur de l'activité politique.

2° Il est, en revanche, important d'examiner de quelle autre façon des philosophes arabes et juifs, au Moyen Âge, ont lu ce passage du *Théétète*. Al-Farabi (870-950), originaire de la région de Bagdad, et Moïse Maïmonide (1135-1204), le fameux médecin de Cordoue, qui l'un et l'autre connaissaient la langue grecque, contrairement aux penseurs médiévaux chrétiens, ont compris l'« assimilation au divin » comme une *mimèsis*, c'est-à-dire comme une activité mimétique (*cf.* un mime). Il s'agit alors d'imiter l'activité divine au moyen de la fondation de cités par les philosophes, cités qui doivent être le plus semblables possible à l'ordre du monde fabriqué par le démiurge du *Timée*. Dans cette perspective, décoller de l'ici-bas n'est pas le fuir, mais changer de site, faire un crochet par le divin où l'âme découvre la véritable mesure des activités qu'il lui faudra déployer. S'assimiler au divin ne signifie plus « être Dieu », fusionner avec lui, mais construire des ordres politiques ; et vivre selon la piété et selon la justice, qui sont, ainsi que nous le montrerons plus loin, comme les deux faces d'une même justice, c'est instituer celle-ci sous la forme de communautés politiques justes ; et, selon le principe de la correspondance de l'âme à la cité, chaque homme deviendra juste si la cité le devient elle-même, injuste dans le cas contraire.

Sans tomber dans la logique du complot, il faut bien constater que cette autre lecture du texte du *Théétète* a été ignorée ou refoulée par la tradition chrétienne, alors même qu'elle semble bien coller au plus près de l'esprit et de la lettre des dialogues de Platon. La référence à la « véritable habileté » de l'âme humaine – car il est d'autres sortes d'habileté et d'habileté-à-demi – rappelle le *deïnos* du chœur d'*Antigone* qui voit dans l'homme cet être habile, étonnant, terrible, capable *(dunaton)* du meilleur comme du pire.

3° Ce passage du *Théétète* fait suite au récit par Socrate de l'histoire colportée dans toutes les chaumières grecques du célèbre Thalès qui, se livrant à la contemplation du ciel, était tombé dans un puits, aux dires, du moins, de la servante thrace qui l'accompagnait, laquelle fit de l'esprit aux dépens de cet astronome. Sur la base du témoignage de cette servante se mit en place l'idée que le philosophe, juché à de pareilles hauteurs dans la contemplation du ciel, est pris de vertige quand il jette un coup d'œil à la terre et que plus dure sera pour lui la chute ! Ainsi existerait-il une séparation radicale entre philosophie et action, entre le ciel et la terre ; thèse reprise et amplifiée par Calliclès dans le *Gorgias* (424d-e), qui reproche au philosophe son inefficacité. De là naîtra l'alternative suivante : soit le philosophe sait tout des idées mais ignore tout de la pratique, soit l'homme d'action ne recule devant rien mais ignore tout des idées. Du même coup, si le philosophe se fait politique, ce ne pourra être qu'au détriment de la philosophie…

Il y a manifestement erreur d'interprétation de la part de bien des commentateurs qui sont tombés, sinon dans le puits, du moins dans le piège du texte de Platon dont la charge ironique anime la parodie du préjugé qui court sur les philosophes. Selon ces interprètes, le philosophe doit fuir la terre, fixer son regard sur les idées divines, imitant en cela Thalès, prendre le risque d'être ridiculisé par la foule et accepter de ne pas avoir les pieds sur terre. L'erreur consiste à reprendre à notre compte le récit de la servante qui *croit* avoir vu Thalès choir dans le puits. Or, en réalité, il *descendait* dans un puits pour observer le ciel en plein jour. Ce qui ne signifie pas du tout la même chose. Thalès, en Égypte, établit un rapport géométrique de similitude entre un côté de la pyramide et son ombre projetée sur le sol (l'homothétie). Il faudra se souvenir de cette découverte pour comprendre la relation que Platon établit entre les « réalités » et leurs « ombres », et pour bien saisir la nature du sophiste qui n'est pas seulement l'homme des ombres, mais aussi celui – nature beaucoup plus mystérieuse – des ténèbres, puisque Platon dit de lui dans *Le Sophiste* (239e) qu'« il n'a absolument pas d'yeux » et qu'il ne peut voir ni les « réalités » ni leurs « ombres ».

Si on suit la tradition du platonisme chrétien, la politique ne peut pas trouver son fondement dans la philosophie, c'est-à-dire dans la théorie de la relation entre les idées et l'âme humaine, mais uniquement et exclusivement dans une anthropologie empirique qui décrit l'homme dans sa constitution psychophysiologique, qui décrit l'âme mais traitée en complète analogie avec son corps et les corps extérieurs à elle. Ainsi, par exemple, en partant d'informations d'ordre psychologique et sociologique, l'homme politique peut agir sur l'âme des hommes. La cité, en outre, n'a pour seule justification que la satisfaction des biens matériels ou corporels et, pourrait-on ajouter, des biens culturels. Telle sera la position d'un saint Augustin.

Cette tradition sépare donc ce qui relève des idées et de l'âme (vie contemplative où le philosophe trouve le véritable bonheur) de ce qui relève de l'âme engagée dans le monde des corps, monde de la mobilité et de la corruption (vie politique où le philosophe ne peut trouver que des facteurs qui le détournent de la contemplation). Si difficile que soit la compréhension de la philosophie de Platon, nous pouvons au moins être assurés qu'elle ne développe pas l'idée d'une scission radicale de l'Être, d'une séparation absolue des idées immuables d'un côté, des choses purement accidentelles de l'autre, puisqu'elle ne cesse, d'une rive à l'autre, de jeter des ponts, ceux, précisément, que les âmes démiurgiques ont pour fonction de fabriquer.

« L'art qui se rapporte à l'âme, je l'appelle la politique. » (*Gorgias*, 464b.) Or, il appartient à la philosophie d'examiner le statut et la fonction propres de l'âme dans sa relation aux idées. C'est dans cette relation que la tâche politique de l'âme vient s'inscrire, tâche où elle découvre non seulement sa justification, mais une justification pour ainsi dire cosmique qui inscrit à son tour la fondation d'ordres politiques dans une théodicée. C'est dans ce cadre global que la question du mal est développée et non pas, d'une manière réductrice et purement individualiste, dans la seule perspective d'un fort hypothétique salut personnel du sage dont la résonance chrétienne est étrangère à l'esprit de la philosophie de Platon.

L'indépendance supposée du philosophe et de son activité propre devient avec Platon l'objet d'un débat. Celui-ci est notamment mis en place dans un dialogue qui porte le nom de *République*. Cette transposition sur le terrain de la politique est significative. L'autosuffisance du sage n'y est pas directement formulée en termes d'activité contemplative, mais en termes de justice.

Adimante, un des jeunes interlocuteurs de Socrate, déplore (II, 366e) « qu'on ne soit pas parvenu à prouver par une argumentation convenable » que la justice ne vaut que par elle-même, qu'elle ne doit être visée et accomplie que pour elle-même ; bref, dans un langage déjà kantien, qu'elle est une fin en soi ou inconditionnelle. L'homme juste pratique la justice indépendamment de ses conséquences ou effets extérieurs ; il ne réclame aucun avantage résultant de sa conduite ni en ce monde ni dans l'autre. En poussant cette thèse jusqu'au bout, il apparaît que l'homme purement juste s'abstiendra de nuire à autrui même s'il en est la victime, mais aussi qu'il pourrait s'abstenir de lui venir en aide. Aider autrui n'est que l'effet extérieur et donc sans valeur propre de sa justice purement interne. Cet homme juste n'a pas besoin des autres pour être juste ; il n'a pas à rendre effective sa justice. Celle-ci n'est pas au service des autres, ne tient pas compte de leur existence. L'homme juste se suffit à lui-même ; il est réellement libre.

Ce plaidoyer d'Adimante nous rappelle ce que Kant dit de Spinoza dans la *Critique de la faculté de juger* (§ 87) : un sage dont la force d'âme ou la liberté interne se suffisent à elles-mêmes, à l'insu de Dieu et des hommes. L'homme juste glisserait à la surface du monde sans y laisser de trace, et Socrate, à la fin du discours du jeune homme, se dit « sous le charme » d'une justice indifférente au bonheur et au malheur d'autrui. Si Socrate reprenait totalement à son compte cette conception de la justice, on ne comprendrait pas pourquoi il propose sur-le-champ de rechercher ce qu'est la justice, non plus dans l'homme purement juste, mais dans la société. Or l'effet de ce déplacement ne se fait pas attendre : la naissance de la société ne s'explique que « parce que chacun d'entre nous, loin de se suffire à lui-même, a, au contraire, besoin des autres» (II, 369b). À moins de supposer que l'homme juste puisse réaliser le rêve chimérique de l'Alceste de Molière, il apparaît qu'il vit en société, qu'il a besoin des autres, qu'il est lui-même un être qui a des besoins naturels. Faut-il supprimer les besoins de l'homme juste ? Commençons par le commencement, dit Socrate, c'est-à-dire par les besoins : se nourrir, se vêtir, se loger «et d'autres choses encore». L'aventure sociale de la justice commence, pour le meilleur et pour le pire.

Leo Strauss[1], reprenant curieusement l'interprétation traditionnelle qui fait du sage l'homme purement juste et se suffisant à lui-même, fait sienne la thèse d'Adimante, pour affirmer que si le sage en vient à s'occuper des autres et donc de la vie politique, c'est parce qu'il y est contraint et que, du même coup, la nécessité qui le force à s'en occuper fonctionne comme une donnée purement extrinsèque, comme un accident fâcheux par rapport à l'autarcie du sage. Ce dernier pourrait faire l'économie des besoins – lesquels, répétons-le, sont la cause de la formation de la société. Dans le droit fil de cette interprétation, Strauss voit dans la constitution de la cité platonicienne une imitation de l'homme purement juste, asocial et apolitique, cité qui serait en grand ce que l'homme juste est en petit : fiction d'une cité purement juste et donc autarcique, sorte de cité-Alceste, indifférente aux autres cités, à celles qui existent, s'abstenant tant de leur nuire que de leur venir en aide. Le but de l'opération menée par Platon dans *La République* aurait alors été de montrer qu'une cité purement

1. In *La Cité et l'Homme*, trad. O. Berrichon-Sedeyn, Agora, 1964.

juste est impossible et irréalisable. En quoi, *si* tel a été le but de Platon, Strauss a parfaitement raison.

Strauss en tire la conclusion qu'aucune cité ne peut être bâtie sur le modèle de l'homme juste et sage, et que, par voie de conséquence, cette cité n'est qu'une parodie de la vraie justice, que le sage et lui seul peut donc incarner. Le parallélisme posé par Platon entre l'âme et ses parties et la cité et ses fonctions serait volontairement truqué, mis en échec par l'existence même de l'âme philosophique, inintégrable en définitive à la cité-fiction. Le divorce serait ainsi consacré entre la vie philosophique et juste et la vie politique.

Il nous apparaît, tout au contraire, qu'avec Socrate et avec Platon non seulement la politique mais aussi la philosophie deviennent un problème, puisque, pour la première fois, elles sont l'objet d'un débat qui ne cesse de porter *et* sur l'une *et* sur l'autre. La politique devient un problème à partir du moment où il faut tenter d'articuler l'un à l'autre le thème d'une justice qui vaut pour elle-même ou qui n'est pas mercenaire (et dont on suppose alors qu'aucun homme – y compris le philosophe – n'en est l'incarnation parfaite) et le thème de cette même justice en tant qu'elle ne peut pas être coupée de ses effets dans le monde des hommes. La philosophie devient un problème à partir du moment où est rompu le lien avec une tradition qui posait comme déjà résolue la question de la justice chez le sage ; à partir du moment où le philosophe fait entrer la dimension politique dans le *logos* philosophique, et ce *logos* dans la vie politique. Dans le chapitre consacré à l'âme dialecticienne et à l'âme démiurgique, nous montrerons que c'est dans un même mouvement que se forment l'homme dialecticien et l'homme politique. *Le Politique* porte sur cette formation simultanée.

Platon pose un rapport hiérarchique entre l'activité philosophique et l'activité politique, fût-elle la plus juste possible. Mais son examen de la politique n'a pas pour finalité de servir de repoussoir à la philosophie afin de la conforter dans son rêve d'autosuffisance.

À moins que le philosophe-roi, Pygmalion et Alceste à la fois, n'emporte sous son bras sa Célimène dans une contrée inaccessible au reste des hommes. Plotin, à en croire Porphyre, aurait rêvé de fonder pour les seuls philosophes une Platonopolis…

Nous ne repoussons pas pour autant la thèse non dénuée d'ironie selon laquelle Platon forcerait les philosophes à gouverner précisément parce qu'ils n'aiment pas ça. La politique serait quelque chose de trop sérieux et de trop dangereux pour qu'on la confie à des hommes qui ont le goût du pouvoir !

CHAPITRE III

L'âme dialecticienne et l'âme démiurgique

Mise en place de l'appareil conceptuel de la démiurgie

1° L'ordre politique est à l'âme démiurgique humaine ce que l'ordre cosmique est à l'âme démiurgique divine. Il s'agit d'une analogie : l'âme humaine est liée à un corps ; elle est composée d'un intellect *(noûs)*, de l'ardeur *(thumos)*, de désirs *(épithumia)*. L'âme divine est de part en part « une tête pensante ». Leur point commun, outre leur automotricité, réside dans leur statut et leur position vis-à-vis des idées divines ou intelligibles : les âmes ne sont pas dans le monde divin. Ainsi que nous l'avons déjà écrit, le divin ne produit pas le monde directement mais par l'intermédiaire d'un démiurge.

2° La fabrication de ces deux ordres relève d'une activité de production que Platon désigne sous le nom d'art de la mimétique savante, art *(technè)* qui s'appuie sur la science *(épistémè)*. La notion de *mimèsis* ne s'applique jamais aux choses – au sens où on affirmerait que les choses sensibles imitent les idées – mais exclusivement aux âmes. La *mimèsis* caractérise le mode d'activité propre aux âmes. Cet art de production est appelé une mimétique parce qu'il consiste à mimer les formes intelligibles, dont il faudra préciser le statut : sont-elles chacune des substances individuelles ? Désignent-elles une structure logique, un système de relations intelligibles ?

3° Ces formes divines et éternelles sont accessibles à l'âme humaine par le *logos* qui joue la fonction d'un intercesseur, d'une voie de passage entre le divin et l'humain. Quand Platon fait référence au *logos*, il faut distinguer trois choses : le *logos* humain désigne le langage ordinaire, le matériau verbal qui obéit aux lois de la grammaire mais qui renferme aussi une part d'opacité et d'imprécision ; le *logismos* désigne les raisonnements qui introduisent de la rectitude dans ce matériau ; enfin, Platon dit que le « monde des idées » fonctionne comme un *logos*, comme un système de significations vraies. Il tente d'explorer, dans *Le Sophiste*, ce verbe divin.

4° L'art de la mimétique savante ne pourrait pas s'exercer sans cette référence au *logos*. Platon pose un lien de parenté entre l'âme et le verbe divin. Cette parenté à son tour implique que le *logos* humain *participe* du *logos* divin. Participer *de* signifie que le premier présente certains caractères du second ; qu'il lui est donc identique et que simultanément il en diffère. Le verbe divin se communique à l'âme humaine par le *logos* humain. Mais comme il s'agit d'une participation, ceci exclut absolument que le verbe humain, nos paroles, soit une émanation du *logos* divin ou qu'il en procède directement ; auquel cas, nous serions à l'abri de l'erreur. S'il en était ainsi, les idées transmettraient à l'âme toute la vérité. C'est donc que si le langage humain n'est pas une invention des hommes, puisqu'il participe du verbe divin, en revanche, l'ordre de nos discours vient non des idées mais de nous, c'est-à-dire de l'âme. La participation prend alors un second sens : l'âme humaine participe *à* la communication avec les idées ; elle prend une part active *(métalambanein)* à la transmission par les idées de leur vérité aux hommes. Ainsi la *mimèsis*, comme art de la production savante, suppose que le *logos* humain participe du *logos* divin. De sorte qu'il n'est pas de production qui ne suppose un savoir.

5° Qu'est-ce qui distingue la mimétique propre à l'âme de l'artisan divin de celle qui est propre à l'âme humaine ? L'âme du démiurge *voit* directement le modèle cosmique éternel. Mais pour Platon, toute vision directe des idées se transforme en un *regard* qui travaille selon l'idée. Le regard désigne une activité de l'âme qui met en œuvre la géométrie, l'arithmétique, la science des proportions, la grammaire. Grâce à cette activité l'idée contemplée cesse d'être ineffable. L'idée préexiste au travail de l'âme, mais elle n'engendre pas directement un savoir de l'idée. Il faut la médiation d'un regard. L'intuition, comme vision directe du modèle cosmique éternel, ne s'explicite que par ce travail. Dans le cas des âmes humaines, la vision directe des idées a été perdue et ce thème est développé dans le mythe de la réminiscence ; celle-ci ne consiste pas à retrouver cette vision perdue en tant que telle, mais à mettre en œuvre un certain nombre d'activités comme la géométrie, l'arithmétique et surtout la dialectique. L'âme humaine ne contemplera jamais les idées directement dans une sorte de fusion avec elles. Il lui faut compter, mesurer, etc., et ce travail s'exerce dans le temps, prend du temps *(dia kronou)*. Platon présente un bel exemple de ce travail dans l'*Alcibiade*. Il analyse le « Connais-toi toi-même » ; nulle vision ou intuition directe de soi-même : « Vois-toi toi-même, et ceci à travers le regard ou la pupille médiatrice d'autrui. » Ce regard latéral permet à l'œil, non seulement de se voir dans l'œil d'autrui, mais surtout d'établir un rapport qui me lie à autrui. Le regard porté sur soi dans l'autre est un travail grâce auquel l'âme peut établir les rapports de convenance et de disconvenance entre autrui et moi. Cette pupille médiatrice « est l'instrument de la vision ».

Socrate généralise cet examen en se demandant si l'âme humaine peut voir directement le divin ou Dieu. L'âme, dans sa partie intellectuelle, se voit dans la pupille de l'œil divin et elle voit Dieu en se voyant elle-même. Ce double regard latéral porte sur le rapport qui existe entre Dieu et l'âme, sur le rapport de similitude qui existe entre lui et elle. Cet exemple nous éclaire sur la mimétique savante : l'*imitatio Dei* ne consiste pas à laisser parler le divin en soi-même mais à mettre en œuvre des discours articulés par l'âme. Les idées ne nous transmettent pas toute la vérité ; car l'ordre de nos discours vient du travail propre à l'âme et non pas des idées.

Mais l'âme humaine, contrairement à celle du démiurge divin, ne dispose que d'un langage incertain, de sorte que ses discours sont susceptibles d'erreurs. Ceux-ci ont alors le statut de l'*eïdolon*, celui de l'image infidèle aux idées ; mais ils peuvent aussi accéder au statut de l'*eïkon* qui est celui de l'image qui se rapproche le plus de l'idée. Le grand artisan, quant à lui, ne peut pas se tromper.

6° La notion de participation est bien la notion clé. Platon ne nous dit pas quelle instance supérieure a mis en place cet arrangement grâce auquel nos paroles participent du verbe divin. Un don des dieux, une faveur ? (Nous reviendrons sur ce point à la fin du chapitre.) Quand Platon écrit que le monde sensible participe du monde intelligible, expression qui, prise au pied de la lettre, signifierait qu'il en participe spontanément et qui évacuerait le thème de la démiurgie, cela veut dire que notre monde n'en participe que parce qu'il a été fabriqué par l'âme du grand artisan dont le regard est tourné vers l'intelligible, telle une copie ou une image fabriquée selon la norme divine. « Le monde sensible et visible a été fait par le démiurge conformément à ce qui est objet de discours *(logos)* et de réflexion *(phronésis)*. » (*Timée*, 29a.)

Si nous cherchons à comprendre cet *art de la mimétique savante*, c'est bien sûr dans le *Timée* que nous serons conduits par Platon dans le conseil de ce dieu. Mais c'est peut-être dans *Le Sophiste* (et aussi dans *Le Politique*) que nous verrons mieux s'articuler l'une à l'autre connaissance et production. Tout *Le Sophiste* porte sur la question de la participation : *logos* humain participant du verbe divin ; mais surtout, participation dans l'intelligible lui-même des idées les unes aux autres, de sorte que ce monde en vient à être défini comme « une mutuelle combinaison des idées », comme une grammaire divine. Or cet examen vient trouver sa justification non pas, comme il est trop souvent affirmé, dans une « théorie de la connaissance », mais dans une réflexion sur les divers arts de produire. Non seulement, écrit Platon, le démiurge divin fabrique notre monde par son art, les réalités qui y prennent place ainsi que leurs ombres (images de ces réalités sur l'eau) – ce qui montre à souhait que Platon, comme Thalès, ne méprise pas les ombres ou les images –, mais les hommes, eux aussi, fabriquent, par exemple, des maisons et les peintres des images de celles-ci. Il est enfin question de l'art de la mimétique de type sophistique qui fabrique des simulacres. Le lecteur peut remarquer l'apparition du thème de l'âme au centre du dialogue (249a), lequel pivote autour d'elle et soudain s'anime. C'est que, en l'absence de l'âme, qui est vie et mouvement, le verbe divin, dont la première partie du dialogue a montré qu'il fonctionnait comme une grammaire, « demeurerait en plan dans son immobilité » ; et Platon de faire sien « le vœu des petits enfants qui ne supportent pas l'immobilité tant est grand leur désir que cela bouge ! ».

Pour que le « monde des idées » ne soit pas « rien qu'un rêve », Platon va montrer : 1° quelle est la structure de ce monde dont participe le *logos* humain ; 2° que le Bien fait entrer les idées dans des relations de convenance réciproque, convenance grâce à laquelle ce « monde intelligible » est apte à servir de mesure à la construction de l'ordre de nos discours et de l'ordre de nos productions.

La structure du « monde des idées » ou du verbe divin

1° Cette structure s'organise autour de la participation des idées les unes des autres. Mais grande sera la difficulté d'expliquer comment chaque idée peut avoir son identité propre ou singulière et entrer en relation avec d'autres idées qu'elle. De la sorte chaque idée devra être conçue comme étant simultanément une et multiple[1].

1. Au niveau des idées, mieux vaudrait parler de « commu-

Soit à titre d'exemple l'idée de voiture ou la voiture comme prototype. (Que cet exemple soit emprunté au domaine de la fabrication est ici secondaire ; d'ailleurs Platon procède de même avec l'exemple des « trois lits » dans le dernier livre de *La République*.) Supposons ce prototype non fabriqué, existant de toute éternité, à l'abri de la rouille, de l'usure, de l'accident : il est unique ; d'autre part, l'unité qu'il forme avec lui-même ne peut venir que de lui seul. Appelons-le le *participé*. Supposons maintenant que le prototype devienne multiple (passage du singulier au pluriel). Nous obtenons les diverses marques de voiture et les voitures particulières. Appelons-les les *participants*. Le statut d'être des participants est d'être comme le participé sans jamais, pourtant, être identique à lui ; sinon ils en seraient les doubles, les triples... Le propre des participants est d'être défaillants par rapport au participé : ils lui ressemblent ; ils l'incarnent, le sensibilisent, chacun à sa manière.

Posons, en revanche, l'identité à la place de la ressemblance : il n'y a plus de « copies » ou d'« images » et ceci tient à la nature du « modèle ». Platon montre dans le *Cratyle* que le modèle, unique et un avec lui-même, ne peut avoir de double : si l'original avait un double, il perdrait son unicité, sa singularité. Doubler ce qu'un être est le seul à posséder reviendrait à poser ce deuxième être comme absolument autre que le premier. L'impossibilité du double entraîne que l'idée, ou l'original, ne fait nombre avec rien et qu'elle est

nication » entre les idées, plutôt que de « participation », car ce dernier terme, comme on va le voir, implique une relation d'inégalité entre « participé » et « participant ».

hors série. Il y a donc dans le modèle singulier quelque chose de non participable et cette part-là fait que les participants sont inférieurs à leur modèle. Tout participant désigne ce qui manque par soi d'unité et d'unicité.

2° D'un autre côté, si une copie ressemble à son modèle, cela suppose bien que l'un et l'autre ont un caractère commun. Malheureusement, le modèle en lui-même n'a aucun caractère commun mais uniquement un caractère propre ! Une double difficulté surgit. Comment poser du « commun » dans ce qui est « propre » à soi et rien qu'à soi sans briser sa singularité ? Et si « commun » il y a, quel peut être son statut ? Ce dernier ne peut être l'équivalent d'un genre ou d'une espèce qui rassemblerait et le modèle et ses copies, puisque, dans ce cas, le genre serait antérieur au modèle. Tout genre désigne, en effet, une structure relationnelle qui doit permettre de rendre compte de ce qu'il y a de commun entre des singularités individuelles. Platon a très bien vu que, pour tenter de comprendre ce qu'il y a de commun entre « modèle » et « copies », il fallait d'abord essayer de saisir comment les idées singulières elles-mêmes peuvent entrer en communication les unes avec les autres. Tel est l'objet du *Parménide* et du *Sophiste*.

L'idée de voiture est autre que l'idée d'avion ; autre que celle de bateau. Cette altérité, ou ce non-être relatif, circule, écrit Platon, entre les idées ; elle a un nom, celui de nom commun, celui, ici, de transport, qui rassemble plusieurs idées sous une unité relationnelle. Chaque réalité individuelle serait à la fois elle-même et rien qu'elle-même (le noyau dur et insécable de l'idée singulière) et autre chose qu'elle seule, cette autre chose qu'elle partage avec d'autres réalités. L'articulation de ce

« même » et de cet « autre », en soi mystérieuse, demeurerait pour nous hors de portée si nous ne la pratiquions tous les jours quand nous parlons. C'est avec des noms communs (et non pas avec des noms propres) que nous parlons des choses individuelles, tout en sachant bien que ce qui leur est commun est précisément ce qui n'est propre à aucune d'elles ! Notre âme, pourtant, construit des phrases, attribue des prédicats (noms communs, adjectifs) à des sujets singuliers. Ceci atteste la présence d'une communication entre ces sujets.

« La manière la plus radicale d'anéantir tout discours *(logos)* est d'isoler chaque chose du reste. » (*Le Sophiste*, 259e.) Mais le fondement réel de nos discours ne réside pas dans ceux-ci : « c'est par la mutuelle combinaison des idées elles-mêmes que le *logos* nous est né ». C'est parce que le *logos* est « un genre de l'Être » que les discours que tient notre âme sont une voie d'accès au *logos* articulé des idées et donc à l'Être (*tôn ontôn logôn delôsis* : faire voir, mettre au jour les êtres par les discours ; *Le Politique*, 277a, 286a, 287a). Un lecteur du *Sophiste* et du *Parménide* s'aperçoit que ces deux dialogues glissent peu à peu de l'examen de la relation entre l'intelligible et le sensible à celui de la relation des idées entre elles. Tout se joue au niveau du *logos* divin. D'autre part, le fait même que nous parlions atteste que notre *logos* participe du premier. C'est bel et bien cette participation qui est la plus importante.

Supposons qu'elle n'existe pas. Les mots dont nous disposons seraient comparables à une poussière chaotique d'éléments informels. Chaque chose et ses images échapperaient à la verbalisation, seraient non localisables, comme c'est le cas pour un nourrisson, et hors de portée de toute remémoration. Mais, d'un autre côté, cette participation pose notre langage comme étant seulement un participant, comme un langage déficient. Enfin, la structure relationnelle des idées demeure pour une certaine part incompréhensible et cette résistance à l'analyse tient, encore une fois, à la nature de la singularité ou de l'individu qui ne peut pas partager avec d'autres ce qu'elle a en propre…

3° Ainsi, le monde des idées est tel un système différencié de relations intelligibles (les espèces et les genres) où chaque idée singulière se définit par l'entrelacement de ce qui lui appartient en propre et de ce qu'elle partage avec certaines autres. Chaque idée est donc impliquée (*Phèdre*, 262c-269c) dans un double mouvement : l'un, qui porte sur chaque idée considérée en elle-même comme un tout qui se suffit ; l'autre, qui porte sur les relations liant chacun de ces touts les uns aux autres.

Le premier mouvement, c'est la *sunagogè* (réunion). Il porte sur les éléments qui composent chaque idée, sur ses déterminations propres et qui font sa richesse. Il concerne aussi les articulations internes qui relient ces éléments. La *sunagogè* vise l'idée individuelle comme unité de sa propre multiplicité.

Le second mouvement, c'est la *diairésis* (division). Il porte sur plusieurs idées ; il divise alors chaque idée pour y faire voir quelles déterminations ou composantes sont partagées par plusieurs idées. Il concerne donc l'entrelacement des idées entre elles.

Vaste et ambitieux programme ! Si Platon avait mené à bien cette enquête, il aurait trouvé la clé du procédé constitutif de tout le réel, la clé de cette colossale machinerie divine qui fait que chaque être est ce qu'il est, tant par ses déterminations propres que par le réseau de ses relations ou articulations avec tel ensemble d'autres êtres, qui fait enfin que tous ces réseaux s'articulent les uns avec les autres. Ainsi transporté dans le ciel de l'intelligible, le philosophe pourrait reconstruire intégralement par concepts – le même et l'autre, l'un et le multiple – l'ouvrage divin ou la totalité du réel. Nous saurions enfin ce qui fait qu'un individu est ce qu'il est et non pas tel autre ! Nous aurions une science de la logique comme science de la logique de l'Être.

Du même coup, les dialogues de Platon se réduiraient à un système (cher au vœu de Leibniz) et ce système philosophique s'identifierait avec les structures du réel. Tous les philosophes qui nous entraînent et nous installent dans le monde intelligible (Plotin, Malebranche, Spinoza, Leibniz, Hegel, Schelling) cherchent à nous faire entrer dans le grand conseil de Dieu ou du divin et à nous présenter le spectacle grandiose du mouvement constitutif de la totalité du réel. Or, le « divin Platon » avoue son impuissance à reconstruire par concepts cette totalité. Il indique seulement comment les choses devraient se passer ; mais il ne peut pas mettre la main sur la clé du processus constitutif de l'Être.

D'autre part, tout système philosophique qui prétend s'identifier avec ce processus ne ménage aucune fonction propre à l'âme humaine. Les opérations de l'âme, de la raison humaine, ne sont pas du tout une voie d'accès au réel et à sa rationalité, de sorte que le réel se passe de la réflexion humaine. L'âme des hommes est intégrée immédiatement dans le système de l'Être. Nous avons vu qu'il n'en est pas ainsi pour Platon. Ce que nous comprenons mal – la participation des idées les unes des autres – nous le pratiquons, par chance, en parlant ; et nous mettons vaille que vaille en œuvre notre propre *sunagogè* et notre propre *diairèsis*. Platon part de l'âme humaine ; de ce qu'elle peut faire. Ce qu'elle peut, elle le doit à l'« aspect verbalisant d'elle-même » (*La République*, 439d : *to logistikon eïdos psuchès*). Cet aspect verbalisant participe du *logos* divin, mais sur un mode d'infériorité, alors que les idées participent les unes des autres en échappant à la relation hiérarchique qui caractérise le lien entre le participé et le participant (autre énigme pour nous).

Mais l'âme humaine peut mettre en œuvre un art de la mimétique savante comme art d'user ou de reproduire selon une plus grande rectitude l'entrelacement des idées entre elles et celui, en chacune d'elles, de leurs caractères propres. Elle peut mettre de l'ordre dans ses discours comme dans ses diverses productions, fabrications et actions. Tâche inachevable mais qui ouvre à la mimétique humaine un champ immense de possibilités.

Comme on le voit, la question de savoir si les idées désignent des êtres individuels ou des relations intelligibles reçoit sa réponse, puisque le « monde des idées » pourrait être comparé à une caverne, mais à celle du philosophe, où ce dernier « expérimente » les catégories grâce auxquelles le divin lui-même ou le tout des choses se pense et se constitue. Mais Platon, comme philosophe, n'oublie jamais la prudence ou la *phronèsis*, ce dieu du monde inférieur, qui lui rappelle sans cesse la limite de son pouvoir de philosopher.

En quel sens, en effet, les idées sont-elles des modèles dont les âmes démiurgiques, par l'art de la mimétique, doivent fabriquer des copies ? Y a-t-il, dans le monde divin, le lit prototype, la voiture prototype, la cité prototype ? Si tel était le cas, cela relèverait plus de la science-fiction que de la philosophie ! L'examen du modèle cosmique éternel, dans le *Timée*, peut aider à clarifier les choses. Platon le définit comme un « vivant » éternel, étrange être vivant qui se réduit à une tête, pensante bien évidemment. Ce vivant « demeure dans l'Un ». Le démiurge, écrit Platon, aurait pu produire plusieurs mondes sensibles, alors que le modèle est unique ; mais il a décidé qu'il valait mieux n'en faire qu'un seul « afin que ce monde-ci fût semblable, par son unité, au vivant absolu ». Quelques lignes plus haut, il est dit que notre monde a été fabriqué par l'artisan divin « conformément à ce qui est objet de discours et de réflexion » (29a). Ces diverses indications permettent d'affirmer que le modèle désigne un tout singulier, un individu d'autant plus parfait qu'il est l'unité achevée de la multiplicité de ses parties constitutives. C'est à la fois un individu et une structure d'ordre. Or toute activité imitative, quand elle construit des phrases et qu'elle fabrique des objets, ne doit-elle pas tendre elle aussi à produire des « réalités » qui sont des touts individuels et qui ont une unité interne, faute de quoi nous ne produirions rien du tout ?

D'autre part, pourquoi, dans l'absolu, le démiurge aurait-il pu fabriquer plusieurs mondes, ou bien encore un autre monde que celui que nous voyons ? et pourquoi ne l'a-t-il pas fait ? De la même manière, pourquoi décidons-nous de faire ceci plutôt que cela, de bâtir tel enchaînement de phrases plutôt que tel autre ? Pourquoi disposer des éléments donnés selon tel ordre plutôt que selon tel autre ? Si nous fabriquons un lit, c'est bien parce que, pour nous autres hommes, il sert à se reposer et à y dormir. L'unité fonctionnelle met de la cohérence dans l'assemblage de ses éléments. C'est la référence à l'usage qui sert de modèle et l'artisan ne fabrique le lit que parce qu'il connaît la nécessité du sommeil. L'usage, l'adaptation fonctionnelle, qui supposent le savoir de ce qui convient le mieux, donnent à l'objet fabriqué sa singularité propre (un lit n'est pas une chaise). La notion embarrassante de Modèle connote donc trois sens : 1° celui de chose individuelle et achevée ; 2° celui d'une structure d'ordre qui rend possibles divers assemblages d'éléments ; 3° celui enfin, et surtout, de la convenance de tel type d'assemblage à une fonction donnée. La démiurgie est ainsi renvoyée à la question la plus importante, celle du Bien.

L'âme démiurgique dans sa relation au Bien

Pour éclairer cette relation, commençons par suivre, à la manière de Pascal, une voie négative, en nous demandant ce qui se passerait si la référence au Bien n'existait pas tant au niveau de nos discours qu'à celui de nos productions. Soit l'exemple du bavardage. Quand nous bavardons à propos de telle ou telle chose, certes, nous construisons des phrases qui respectent les règles de la grammaire ; mais, les estimant toutes de la même valeur, nous les mélangeons d'une manière telle qu'aucune d'entre elles ni leur assemblage ne tombe juste et n'est apte à rendre compte de ce dont nous parlons. Le bavard est celui qui ne sait pas (ou feint d'ignorer) parler convenablement des choses ; celui qui ignore la bonne unification dans l'enchaînement de ses phrases, car il ne dispose pas de l'art de mesurer leur mélange. Par voie de conséquence, ses propos interminables se caractérisent par leur relativisme. Le même laxisme peut prévaloir pour ce qui concerne nos fabrications et nos actes. Il existe, dit Platon, de mauvais artisans et des hommes politiques incapables de prendre une décision qui convienne à telle situation donnée.

Dans l'hypothèse (exclue par Platon) où nous pourrions entendre le *logos* divin, tout ce qu'il dirait tomberait juste, car le Bien déterminerait nécessairement l'agencement de son discours. La mesure, qui est « la puissance ou force d'agir du Bien », établirait la relation de convenance qu'il faut entre toutes ses phrases. Il n'en est pas de même pour nous. Le passage du Bien au bien sensible n'est pas continu, d'une part parce que nous avons affaire au monde sensible et soumis au devenir, d'autre part parce que nous ne savons pas ce qui est bien, ce qu'il convient de dire et de faire. Pour Platon, nous savons que le Bien existe mais nous ne savons pas spontanément en quoi il consiste. Si, en revanche, le Bien n'existait pas, nos discours comme nos actes ne tomberaient jamais juste et ils seraient même en deçà de l'erreur.

C'est la raison pour laquelle le Bien est lié à la question de la mesure, de celle qui devrait notamment nous permettre de parler comme il convient des choses. Nous retrouvons ici un semblable type de démarche mis en œuvre par Platon pour rendre compte de la relation du discours humain aux idées. Nous savons que notre langage en participe ; de même, nous sommes assurés, dès que nous parlons et agissons, que nous visons quelque bien, car nos discours et nos actions participent du Bien qui régit le « monde intelligible ».

Cette participation au Bien s'exprime dans deux sortes de mesure : l'une d'ordre quantitatif, l'autre d'ordre qualitatif. «Nous mettrions d'une part tous les arts pour qui le nombre, les longueurs, largeurs, épaisseurs se mesurent à leurs contraires, et de l'autre tous ceux qui se réfèrent à la juste mesure, à ce qui est convenable, opportun, requis, à tout ce qui tient le milieu entre les extrêmes.» (*Le Politique*, 284e.) Le quantitatif appartient au domaine de l'homogène; ainsi, le nombre est le total d'unités identiques qu'on additionne, multiplie, etc. Toute grandeur, au sens quantitatif, peut donc être augmentée ou diminuée de façon indéfinie. Il ne peut exister de grandeur absolue, de mouvement le plus rapide. Les mathématiques demeurent dans la relativité sans fin du plus grand et du moins grand. Du même coup, le quantitatif ne peut pas former des touts achevés. Il ne peut pas fixer telle limite qui arrête cette variation. Cette mesure est du côté du «même» ou de l'identique et par conséquent du côté de l'homogénéisation. Les services qu'elle rend sont considérables puisqu'elle permet d'exprimer par des nombres et des figures les disparités du monde sensible. L'art de la mesure quantitative est une partie de l'art de la mimétique savante. Son apprentissage est une étape vers la dialectique; il s'inscrit dans le programme d'étude des futurs philosophes-rois. Mais Platon, quoi qu'on en ait dit, n'a jamais voulu éliminer le langage humain au seul profit du langage mathématique, ni faire dépendre nos productions des seuls modèles mathématiques.

La visée du Bien consiste surtout dans la recherche de la mesure qualitative. Le qualitatif, contrairement au quantitatif, a toujours affaire à des totalités achevées, qui ne sont donc pas les sommes variables d'éléments identiques. Chaque tout est l'ordonnancement de ses parties hétérogènes. Cct ordonnancement tient compte de la diversité des éléments qu'il ordonne. Le modèle musical est le plus souvent évoqué par Platon : harmonisation de notes différentes. Si la musique joue un grand rôle dans la vie politique, par exemple, c'est précisément parce qu'elle montre que l'harmonisation d'une cité doit toujours être celle qui « respecte » l'hétérogénéité de ses diverses composantes. Ce sera le propre de l'art politique que de rechercher une telle relation de convenance. Nous sommes aux antipodes d'un « totalitarisme » qui homogénéise tout !

La mesure quantitative est toujours subordonnée à la mesure qualitative. Soit l'exemple de l'idée de *pont*. Celle-ci est définie comme une construction reliant deux points séparés par une dépression ou par un obstacle. L'artisan ou l'ingénieur n'aurait jamais conçu l'idée de pont sans la référence à sa valeur utilitaire, à sa valeur d'usage, à « ce qui est bon pour », à « ce qui est apte à ». Cette valeur est la cause véritable de l'idée de pont. D'autre part, elle possède une unité fonctionnelle qui sélectionne tel type précis d'assemblage d'éléments matériels, telle sorte d'ordonnancement. Elle est leur liant, une fonction des éléments qu'elle unit. Les sciences du quantitatif (celles des matériaux, des lois de l'équilibre) sont des moyens au service de cette fin qu'est l'usage. Le pont est alors un tout qualitatif achevé et unique grâce à sa relation de convenance à la valeur utilitaire.

Ce qui vaut pour les productions vaut pour les discours. En quoi consiste la référence de nos paroles à la mesure qualitative ? Comment passer du *logos* ou du langage ordinaire au *logismos* ou aux discours qu'il convient de tenir sur les choses ? Ce que le langage fournit ce sont les matériaux de construction pour faire des phrases. En outre, ces matériaux obéissent aux règles purement formelles de la grammaire, science de la liaison des mots dans les propositions et qui rend possible l'attribution de prédicats à un sujet. Or nous ne sommes ici qu'au seul niveau de la mesure quantitative : la grammaire est au langage ce que la science, par exemple, des coefficients de dilatation du béton est au ciment. Il faut un art qui mesure qualitativement nos discours, en vue de trouver l'expression exacte, pour « attraper pour chaque chose la formule qui lui est propre » (*La République*, 534b). Cet art, Platon le nomme l'art du dialecticien ou celui de la mimétique savante. Il ne fait usage que de la mesure qualitative (référence au Bien), car elle seule permet de construire tel ordre de discours apte à rendre compte de telle réalité.

L'art du dialecticien

Récapitulons. 1° Puisque notre *logos* participe du *logos* divin ou de l'Être, il nous est possible de « rendre visibles *(délôsis)* les êtres par notre *logos* » (*Le Politique*, 287a). 2° L'art de la dialectique, dont l'instrument et l'intercesseur est ce *logos*, peut prétendre atteindre « la formule de l'être propre de chaque réalité » (*La République*, 534b). 3° La liaison convenable des mots dans les propositions que cet art établit et celle non moins convenable des propositions entre elles *correspondent* à l'articulation dans chaque chose de ses éléments propres et de ceux qu'elle partage avec d'autres dans l'unité d'une espèce et dans celle du genre où cette espèce s'ajointe à d'autres. 4° La dialectique ne porte que sur un seul problème : celui de l'ajointement qui tombe juste à chaque fois (ou qui est *bon*) de l'un et du multiple, du même et de l'autre que soi, de l'être propre et de son non-être relatif ; ajointement qui est à l'œuvre, d'une part à l'intérieur de chaque chose, d'autre part entre les choses. Chaque réalité est, en elle-même, l'unité de la pluralité de ses éléments ; en outre, les diverses pluralités d'êtres singuliers s'inscrivent dans des systèmes relationnels (espèces, genres, familles) qui s'emboîtent les uns dans les autres. Qu'est-ce qui règle ces mixités du même et de l'autre dans chaque chose et entre elles ? Selon quelle règle se nouent, se « couturent » dans chaque réalité singulière ce qui lui appartient en propre et ce qu'elle partage avec d'autres ? La dialectique cherche cette règle et tente de localiser le « point de couture » !

En quoi consiste l'art du dialecticien ? C'est un art de dénomination, qui consiste à rassembler dans une espèce, puis dans un genre, une multiplicité de réalités singulières ; il s'agit donc de réduire l'éparpillement à l'infini des choses, telles qu'elles se montrent dans nos sensations et dans nos perceptions. C'est aussi un art de définition qui consiste à réunir espèce et genre dans la compréhension d'une réalité singulière, de telle chose individuelle ; il s'agit donc, encore une fois, de repérer le point d'articulation du « commun » et du « propre » dans chaque être et de découvrir la règle de leur ajointement. Le lecteur trouvera dans *tous* les dialogues cette même réflexion concernant cette double tâche.

Le musicien, quant à lui, est une sorte de dialecticien et aussi de démiurge privilégié, lui qui sait trouver et inventer tel accord musical comme nœud de notes aiguës et de notes graves, chacune d'entre elles ayant le degré qui convient dans la double échelle des aigus et des graves ! Mais dans le domaine de la dialectique, la tâche est beaucoup plus difficile. Cela tient au caractère de « participant » du langage humain, mais aussi au fait que dans le monde sensible et du devenir les choses singulières ne demeurent pas toujours dans le même état, de sorte que l'articulation du « propre » et du « commun », le point exact d'insertion de ces choses dans leur espèce et dans leur genre, varient, se déplacent, et que, enfin, ces articulations peuvent se défaire ou bien encore mal se faire.

L'art du dialecticien vise à rendre par des agencements convenables de phrases ces articulations et leurs variations incessantes. C'est la raison pour laquelle cette tâche est perpétuellement reprise, sans cesse relancée.

Nous avons supposé jusqu'à présent que l'art de la dialectique coïncidait avec l'activité démiurgique. Cette supposition ne va pas de soi. Certains commentateurs estiment que le thème du démiurge (dans le *Timée*) « ne tient pas au cœur du système platonicien, à la doctrine des idées et du Bien, qu'il intervient de l'extérieur comme un *deus ex machina*[1] ». Il nous faut donc réexaminer le statut propre au démiurge divin et celui qui est propre au démiurge humain : l'enjeu porte sur la relation qui existe entre l'activité contemplative et l'activité productrice.

1° Le « système » platonicien est un « système » ternaire : idées, *logos*, monde sensible, et non pas composé de deux éléments (idées, monde sensible).

1. André Jean Festugière, *Contemplation et vie contemplative selon Platon*, Vrin, 1950.

Question : Comment les idées et le Bien qui sont hors du temps ordonnent-ils sans se dégrader le monde des êtres sensibles qui existent dans le temps ? L'être humain, d'autre part, appartient à l'intelligible par son âme et au sensible par son corps. Étant admis que le sensible n'émane pas directement de l'intelligible, il faut bien poser un intercesseur, un communicateur qui n'est autre que le *logos*. Ce liant, Platon le nomme participation. Le savoir est de la sorte fondé : l'âme peut dénommer le sensible d'après l'intelligible ; la communication des idées entre elles correspond à l'accord des mots et des phrases dans nos discours si l'âme sait les ordonner selon les règles de la dialectique. Le problème est que nous ne savons pas pourquoi cette participation existe ; pourquoi le sensible peut être dénommé à partir des idées ; pourquoi l'âme est en relation avec les idées par le langage. Les idées n'aspirent nullement à se laisser imiter ; elles ne sont pas érotiques. Mais la méconnaissance du pourquoi de ce grand arrangement ne met pas en cause la validité de la connaissance. Un écart existe entre sensible et intelligible. Dans le *Timée*, Platon a recours à un mythe pour tenter de jeter des passerelles au-dessus de cet écart. Le mythe est un « discours bâtard », mi-intelligible, mi-sensible (ou imagé). Dans ce mythe, l'intercesseur qu'est le *logos* de l'âme est personnifié ; il est présenté sous la forme d'un artisan divin. Ce *logos* est aussi producteur : il fabrique le monde sensible conformément aux idées et au Bien. Il est à la charnière de l'éternité et du temps.

Il faut comparer un certain nombre de textes pour comprendre le sens et l'enjeu de ce recours au démiurge. Dans *La République*, le Bien est figuré sous la forme du soleil qui favorise la germination des êtres naturels ou sensibles, et cela sans l'intervention d'un démiurge ; il le fait comme par surabondance. Mais il n'est pas écrit que le Bien a produit ces germes. Dans le *Philèbe* (64b-d), on affirme que « sans le Bien rien ne pourrait véritablement venir à l'existence ». Pourtant, par lui seul, le Bien ne produit rien, car il n'aspire pas à réaliser quoi que ce soit. Le démiurge, en revanche, aspire à réaliser quelque chose de beau (*tokos en kalô : Le Banquet*, 206b ; *Phèdre*, 245-246 ; *Le Politique*, 272b). Le *logos*, une fois personnifié, unifie activité de connaissance et activité de production. La liaison entre l'automotricité de son âme et la contemplation des idées rend ces idées fécondes, fait qu'elles engendrent du mouvement et deviennent causes finales. Son âme, simultanément, contemple les idées et le Bien et les rend actifs ; elle puise dans cette contemplation une force motrice qui la pousse à fabriquer le monde sensible. Mais la relation qui existe entre contemplation et fabrication demeure pour nous difficilement compréhensible ; c'est la raison pour laquelle il faut faire appel à un discours mythique ou seulement vraisemblable. Si l'âme d'un démiurge ne peut pas ne pas fabriquer, en revanche, il appartient à la nature de l'âme de pouvoir contempler l'intelligible sans désirer réaliser quelque chose. L'activité contemplative occupe le premier rang. La fin de la dialectique, c'est la connaissance ; la fin de la démiurgie, c'est la fabrication. Elles ne coïncident que dans le mythe.

Nous pouvons rapprocher le texte du *Timée* de celui du livre X de *La République* où est exposé l'exemple célèbre des « trois lits[1] ». Le *lit* apparaît de trois manières différentes et hiérarchisées. Il

---

1. Voir note p. 170.

apparaît par lui-même ou se montre et l'âme le voit ou le contemple. Telle est l'idée du lit. Il apparaît par l'intermédiairc d'un facteur extérieur à lui, par le truchement d'un démiurge : celui qui fabrique des lits en fixant son regard sur l'idée de lit et à partir de matériaux sensibles. Le lit vient à l'existence comme lit « sensible » et posé dans le temps. La démiurgie consiste à faire apparaître l'idée (dans sa relation au Bien, puisque le lit est utile aux hommes) dans autre chose qu'elle – la matérialité – et à la faire accéder à une visibilité sensible. (Nous laissons de côté le lit peint par l'artiste.) De la même manière, le démiurge divin contemple l'idée ou le modèle cosmique éternel, puis le fait accéder à la visibilité sensible à partir du chaos des éléments matériels (eau, feu, air, terre) grâce à son activité fabricatrice. Celle-ci est inférieure à l'activité contemplative, tout en laissant apparaître le vrai lit. Le lit fabriqué est réel à sa manière. La démiurgie est inférieure à la contemplation mais elle ne produit pas de l'irréalité.

2° Examinons le statut de la démiurgie humaine dans sa relation à la contemplation. Il nous semble évident que cette relation touche fondamentalement à l'orientation politique de la philosophie de Platon. C'est dans un grand dialogue qui porte le nom de *Politeia (La République)* que Platon expose la finalité propre de sa philosophie ; c'est dans ce dialogue que le thème du Bien apparaît pour la première fois. En quoi cette finalité est-elle politique ? Ce qui qualifie la politique (le vivre-ensemble) en tant que politique c'est le savoir qui porte sur la *Dikè*, sur la justice cosmique. Il appartient au savoir de délimiter, à l'intérieur de ce vaste arrangement, un ordre qui portera le nom de « politique ». Quand Platon affirme que le philosophe doit être roi, il veut signifier par là que l'arrangement juste de la communauté humaine repose, se fonde sur un tel savoir. Celui-ci s'identifie avec l'art de la dialectique. Le succès de cette tâche n'est pas assuré d'avance : si dans le *Timée* est posé un modèle cosmique éternel, dans *La République*, en revanche, fait défaut une idée éternelle de la cité humaine juste. Cette absence est significative. Selon le témoignage de Platon, Socrate, à un moment donné de sa vie, ne limite plus sa recherche à l'étude des choses divines (la justice du Tout) et se tourne vers l'exploration des choses humaines. Ce tournant introduit une révolution dans la tradition philosophique présocratique. La nouvelle question qui se pose porte sur la situation des choses humaines dans l'ordre juste ou divin. Peut-être la condition humaine, celle de la société des hommes, n'offre-t-elle qu'un spectacle affligeant pour qui la regarde *sub specie aeternitatis*. Dans la justice du Tout, la société des hommes a-t-elle une place ? La philosophie de Platon n'a pour tâche que de tenter de développer cette question et d'y répondre.

Il ne s'agit donc plus comme dans le *Timée* de faire accéder à l'existence et à la visibilité sensibles un modèle cosmique déjà là de toute éternité, mais de construire par le savoir un ordre politique juste qui à la fois se distingue de la justice du Tout et s'y inscrive. Cet ordre, s'il peut être pensé, sera ce qu'il y a de plus réel. Sa réalité n'a rien à voir avec celle des sociétés existantes : la cité juste, en tant qu'objet du savoir, ne se confond pas avec celles-là et Platon ne confère pas à la cité juste les caractéristiques des sociétés qui existent. En outre, celles-ci se mesureront à l'aune de l'ordre politique juste. De même, la question de la venue éventuelle à l'existence historique de la cité juste se situe sur un tout autre plan. Elle dépend de beaucoup de facteurs qui ne sont pas tous maîtrisables, tant s'en faut. La dialectique doit établir des rapports de dépendance et d'articulation entre les citoyens, rapports qui font de la cité un tout. Nous pouvons, faute de mieux, donner le nom de démiurgie théorique à ce travail de la dialectique. La démiurgie politique ne consiste donc pas à fonder dans le devenir un ordre politique juste mais à en faire l'objet d'un savoir, objet qui devient l'équivalent d'une idée. La démiurgie politique prend un sens second quand il s'agit, non pas de fonder dans l'histoire la cité juste par on ne sait quelle intervention magique, mais de prendre conscience de sa *réalité* et de s'en inspirer par le travail législatif et par l'éducation. C'est aux citoyens, et à eux seuls, qu'il appartient de mettre en œuvre cette double tâche. Le philosophe ne saurait se substituer à eux. Le philosophe n'impose pas aux citoyens un modèle politique qu'il leur faudrait réaliser. Sur le seul plan de la vie politique le philosophe est un citoyen comme les autres (ainsi Socrate, qui ne cesse de remplir ses devoirs de citoyen). Les citoyens ont besoin du philosophe au sens où celui-ci établit que la politique a une réalité en tant qu'ordre juste. Le combat mené contre les sophistes qui nient cette réalité et réduisent la justice politique à une fiction ne prend son sens que par rapport à cela. L'existence d'une *épistémè politikè* (et/ou d'une *technè politikè*) comme fondement d'un sujet du savoir et de l'art politiques certifie aux citoyens que la vie politique peut ne pas se réduire aux seules manipulations inconsistantes et indifférentes à toute justice[1].

1. La tâche du philosophe n'est pas de construire de toutes

C'est dans *Le Politique* que la correspondance entre l'art du dialecticien et l'art de l'homme politique est établie de la manière la plus rigoureuse. L'homme politique – le « royal tisserand » – est formé, « tissé » par l'art de la dialectique ; et, par voie de conséquence, son savoir et son art s'exercent dialectiquement. Confronté à une situation donnée, il est capable de mettre de l'ordre dans l'éparpillement illimité propre à cette situation en se livrant au double travail de la division *(diairèsis)* et du rassemblement *(sunagogè)*. La dialectique définit l'art politique en distinguant à l'intérieur du genre très vaste qu'est l'Art les différentes espèces d'art ; puis elle établit la spécificité de l'art politique en l'articulant à celle des autres espèces d'art. Il s'agit toujours de poser des relations de convenance et d'articulation entre des éléments hétérogènes, relations qui forment un véritable tout : ordre de nos discours, ordre propre à l'art politique, ordre propre à l'âme et ordre propre à la cité. Il s'agit toujours d'établir de vraies unités de multiplicités.

Platon ne cesse de l'écrire : la dialectique vise à définir l'art politique. Platon ne développe pas une « théorie de la connaissance » qui serait à elle-même sa propre fin. Le savoir n'est pas pour autant un moyen mis au service de la fin politique ; la vie politique conforme à la justice est la vie selon le savoir qui la fonde.

---

pièces le régime juste pour l'inscrire dans le devenir par une sorte de *forcing* : nulle intrusion de la pratique dans la théorie.

CHAPITRE IV

Le philosophe-roi

Les îles des Bienheureux

Certains commentateurs attendent des dialogues de Platon qu'ils leur fassent assister à la naissance du philosophe comme les Évangiles à celle de l'Enfant Jésus. Le philosophe n'est peut-être pas, en effet, un homme tout à fait semblable aux autres hommes. Il apparaît parfois sous la forme d'une figure mythique dont les racines s'enfoncent dans le divin et dans un âge immémorial, âge à jamais perdu pour le commun des mortels, mais dont le philosophe et lui seul demeurerait le témoin vivant. Nous trouvons dans les dialogues bien des références, explicites ou implicites, à son statut suprahumain. (*La République*, 504b-c, 519b-c ; *Phédon*, 111a, 114b-c ; *Le Politique*, 271c-d, 274c, 277c ; *Gorgias*, 523b, etc.) Platon reprend à Hésiode et à Pindare le mythe du règne de Cronos qui, après avoir régné sur l'ensemble de l'univers, le déserte désormais, à l'exception de certains lieux bénis échappant à l'âge de fer présent, et qui portent le nom d'îles des Bienheureux.

Celles-ci, aujourd'hui encore, sortes de champs Élyséens, ne sont peuplées que de philosophes et d'animaux pacifiques. Tous naissent directement de la terre et se nourrissent de ses productions. Nul besoin de cité, de lois, de division du travail pour ces philosophes, « nourrissons de Cronos », qui occupent leur temps de loisir à « converser non seulement entre eux mais avec les animaux » (*Le Politique*, 272b-c). Leur *naturel* divin (269d) fait qu'« ils sont toujours identiques à eux-mêmes, possèdent toujours et semblablement les mêmes rapports ». Comme le lecteur est en droit de se demander ce qui peut les différencier les uns des autres, il aimerait savoir de quoi ils peuvent parler, puisque l'identité de leur nature entraîne qu'ils doivent tous dire la même chose. Quand, dans le *Phédon*, Simmias demande à Socrate quelques précisions sur ces îles des Bienheureux, ce dernier lui répond « qu'il ne dispose pas des moyens d'en parler et qu'en outre [ciguë oblige] il n'en a pas le temps » (114b-c).

Socrate, il est vrai, détestait la campagne. Homme de la ville (*astù*) et de la cité (*polis*) – voir le début et la fin du *Phèdre* –, il ne conversait qu'avec ses semblables sur la place du marché, ne parlait ni aux bêtes ni aux plantes. Socrate serait-il alors un ange déchu, expulsé des îles des Bienheureux, condamné à avoir été engendré non par la terre sacrée mais par les hommes et à faire redescendre la philosophie, au grand dam de Nietzsche, du ciel sur l'arène politique et populaire ? Le philosophe, quoi qu'il en soit, présenterait un double visage, celui de Socrate et celui du bienheureux mythique, l'un tourné vers la cité, l'autre vers le divin ; double jeu, peut-être, de la part de Platon qui aborde et pose le délicat problème de la relation entre la philosophie et la politique, entre ceux qui n'ont d'autre culture que philosophique et ceux (les hommes politiques) qui n'en ont aucune (*La République*, 519b-c). Si la philosophie doit se faire politique, ce ne doit pas être au prix d'une politisation de la pensée. La présence du mythe des îles des Bienheureux dans les deux grands dialogues, *La République* et *Le Politique*, qui développent cette question du rapport entre politique et philosophie, serait là pour rappeler que le « monde des idées » n'est pas un marché des idées mises à la disposition de n'importe quelle activité humaine et démiurgique et que le divin, s'il autorise certaines d'entre elles, est toujours au-delà de toute manipulation. S'il n'est de politique juste que par un juste usage du divin, cela n'entraîne pas non plus une divinisation de la politique.

La question est surtout de savoir si, pour Platon, il existe ou non une nature ou un *naturel* philosophique qui ferait des philosophes des individus privilégiés appartenant à un ordre supérieur à celui de l'humanité. Tout lecteur se rend compte que, contrairement à Xénophon, Platon ne dresse aucun *portrait* de Socrate. La portraitisation tend à sacraliser, à « naturaliser » (!) le maître. Nous n'entendons qu'un Socrate qui examine, teste ses propres discours et ceux de ses interlocuteurs ; non point un portrait « en statue », et ce, contrairement à ces philosophes bienheureux dont Platon écrit qu'il faudrait leur en édifier une et leur rendre un culte (*La République*, 540b-c), mais la mise en œuvre de son art ou de sa *technè* : la dialectique, ce en quoi consiste pour lui la vie philosophique.

Si nous situons l'activité socratique dans l'économie générale des dialogues, il apparaît que Platon ne fait pas appel à une nature déjà constituée, mais à un ordre, mieux, à une mesure divine (voir le chapitre III). Ce qui est « nature » chez l'être humain c'est son âme dans sa relation au corps. Tout dépend de l'usage que cette âme fera de la mesure divine. Platon admet certes, sans en faire la théorie, l'existence de qualités ou de dons naturels inégalement répartis entre les hommes tant du point de vue corporel que du point de vue intellectuel. Mais ces dons ne définissent pas une nature ou un naturel fixes et déterminés, comme le prétend Calliclès. Platon est, tout au contraire, à la recherche d'un plan qui soit irréductible à celui de la nature ou de l'inné (les dons) et à celui de l'acquis (l'éducation). Le cas d'Alcibiade est significatif : une belle nature fort douée et une excellente éducation ; et pourtant, il a tout raté ! Ce plan est celui de l'art, celui du type d'activité que l'homme exerce, selon qu'elle est articulée soit au savoir soit à l'ignorance. Son « naturel », chaque homme le forme en fonction de ses activités et de l'office qu'il doit remplir. Platon, fort loin d'être naïf, admettait que certains « naturels » philosophiques pouvaient fort mal tourner, nul n'étant à l'abri du sophiste ou du tyran qui sommeillent dans l'âme des prétendus meilleurs. Mais surtout, l'appel à des « natures » aurait conduit Platon à faire de l'individu une singularité irréductible, à en faire le pivot de sa philosophie politique. Nous aurions affaire à des singularités qui, rendues exceptionnelles par leur rapport purement individuel au divin, tendraient à s'émanciper vis-à-vis de tout ordre et de toute mesure, leur conférant le droit (divin) de s'exclure de toute cité. Le philosophe serait doté du fameux regard de Gygès (*Gorgias*, 525e), regard qui voit les citoyens sans en être vu, et cette non-réciprocité serait le signe de sa toute-puissance individuelle. Ce regard froid et non civique du sage inspire davantage de frayeur que celui un peu vitreux du tyran débridé. L'âme du philosophe n'est pas autrement constituée que celle des autres hommes : entre le *noûs*, ou intellect, et la région des désirs *(épithumia)*, Platon introduit une puissance médiane ou métaxique, le *thumos*, qui, ainsi que nous le verrons, permet d'éviter un dangereux face-à-face entre la pensée et les désirs, entre le philosophe et la foule.

Pour prendre toute la mesure du mythe des îles des Bienheureux, il convient de le situer dans l'ensemble du dialogue intitulé *Le Politique*. À ne tirer, en effet, que le seul fil mythique concernant le philosophe, on en vient à affirmer que l'homme n'accède à son humanité que par son retrait de la vie politique. On va jusqu'à concéder que, après avoir quitté pour un temps son activité philosophique, le sage consent à programmer une fois pour toutes un régime politique qui doit, en principe, fonctionner comme une sorte d'automate. Ce dernier assurera d'autant mieux la justice entre les hommes qu'il fonctionnera, sinon sans eux, du moins sans faire appel à une activité politique qui leur soit propre. Une fois la machine « étatique » mise en place, le sage retournera à ses chères études.

Or, toute la grande partie mythique du dialogue fournit un éclairage différent. Elle élève, en effet, la constitution d'un ordre politique juste à des hauteurs cosmologiques, posant ainsi une analogie entre cette fondation et la production du cosmos par l'artisan divin.

1° S'installant lui-même dans le mythe, Platon distingue deux grandes périodes cosmiques : l'une se caractérise par la régularité des mouvements du ciel. Celui-ci est présenté comme une toupie à laquelle le démiurge divin ne cesse d'imprimer un mouvement circulaire et uniforme. L'autre, en revanche, est celle du dérèglement de cet ordre et de ce mouvement, dû au relâchement de l'attention du démiurge. Cette tendance cosmique à l'entropie est enfin contrebalancée périodiquement par son intervention.

2° La période où le démiurge gouverne directement l'univers tel un pilote son navire correspond à une race d'or des humains qui ne connaît ni la division du travail ni la vie politique. Des « pasteurs » divins règnent sans partage sur le « troupeau humain » ; leur pouvoir est inscrit dans leur nature dont le caractère divin est exorbitant par rapport à la nature des hommes. Ainsi s'établit une relation naturelle de supériorité démesurée entre ces pasteurs et leurs troupeaux. Mais ce qui nous intéresse ici au plus haut point c'est que cet âge d'or est aussi celui de l'activité philosophique purement contemplative ; celle-ci suppose donc l'absence d'activité politique et la séparation des philosophes d'avec le troupeau des hommes. Il y a, manifestement, un lien entre ce type de philosophes et le mythe de la réminiscence qui projette dans un passé immémorial le lieu de la philosophie et qui définit l'âme par la mémoire ; de sorte que l'âme se rapproche d'autant plus de la vérité qu'elle prend le chemin des souvenirs. L'homme ne se comprend alors que par ce qu'il a été et demeure indifférent à l'avenir. Ce Platon platonique est un passéiste, hanté par la décadence présente, et s'il lui advient de se tourner vers les hommes, il cherchera à « imiter » le modèle apolitique de cet âge d'or, en substituant au pouvoir sans partage des pasteurs divins celui, non moins sans partage, de la « machinerie étatique ». Ainsi, la distinction entre les vaches sacrées et les vaches profanes sera bien gardée. Nous pouvons déjà comprendre une des raisons pour lesquelles Platon rejettera Homère de la nouvelle cité fondée dans *La République.*

3° La période cosmique présente est celle, enfin, de la coexistence de la régularité et de l'irrégularité de la marche de l'univers, de celle du mouvement selon le « même » et du mouvement selon l'« autre ». Cet état de déséquilibre/équilibre crée des conditions propices à l'initiative humaine car le temps présent est riche de *kaïros*, d'instants propices ou de moments opportuns, qu'il faut saisir et savoir apprécier pour rendre une action possible (*Le Politique*, 284e). Il ne pouvait exister de moments opportuns tant que le macrocosme gouvernait directement et sans faille le microcosme humain (269a-b). L'état présent de l'univers a son prolongement dans l'âme humaine que Platon compare, elle aussi, à une toupie dont le mouvement régulier tend à se dérégler, à se reprendre, articulant lui-même le mouvement selon le « même » et le mouvement selon l'« autre ». Une nouvelle cosmologie se met en place, à laquelle correspond un nouveau type d'âme et un type nouveau de philosophes. Ces philosophes du temps présent, écrit Platon dans *Le Politique* (277d), doivent sortir de leur ankylose, « passer de l'esprit du rêve à celui de la veille ». *La République* peut être lue comme un grand projet d'éducation de ces philosophes nouveaux dont la fonction est précisément d'assurer ce « passage » du rêve à l'état de veille.

Le philosophe-roi et la référence au Bien

Il sera ici question des livres V, VI et VII de *La République.* Le thème du philosophe-roi se situe très précisément au centre de ce dialogue (473d). Pourquoi articuler ce thème à celui du Bien ? « Il y a, d'un côté, les hommes dépourvus de culture philosophique, inaptes du même coup à devenir des philosophes-rois ; il y a, de l'autre, ces philosophes qui répugnent à toute activité pratique, persuadés qu'ils sont que, de leur vivant, ils ont déjà transporté leur résidence dans les îles des Bienheureux. » (519b-d.) Pourquoi ces derniers sont-ils totalement indifférents à l'activité pratique ? Platon laisse tout d'abord entendre qu'ils vivent dans le « monde des idées ». Mais la suite du texte est tout à fait significative : « Il nous appartient, à nous autres fondateurs (d'une cité), de forcer *[anankè]* ces philosophes [sous-entendu, ceux qui prétendent vivre dans les îles des Bienheureux] à s'engager dans la direction de cet objet d'étude de loin le plus important et auquel nous avons déjà fait allusion, c'est-à-dire à porter leur regard sur le Bien. » (519c-d.) Platon semble suggérer que ces philosophes ignorent le Bien. Information fort révélatrice ; car, de même que le soleil (rejeton visible du Bien) éclaire et donc permet à nos yeux de voir les choses sensibles, de même le Bien permet aux âmes de voir les idées.

Le soleil assure aussi la fécondité, la fertilité des choses de la nature ; de même le Bien rend vivantes, productives les idées ; il les irrigue, pourrait-on dire ; sans lui, elles demeureraient lettre morte, muettes, impuissantes. Osons écrire que sans le Bien les idées ne seraient bonnes à rien… Il les rend aptes à être connues par les âmes, comme le soleil rend les choses aptes à être saisies par les yeux : le Bien assure donc un rapport de commune mesure, de convenance entre les idées et les âmes.

En outre, le Bien oriente les idées vers les

activités productrices et pratiques. Il fonde la valeur d'usage de l'intelligible. Comme il est au-delà des idées, tel le principe valorisant au-delà des valeurs qu'il fonde, tel encore un principe inconditionné, le Bien assure le bon usage de l'intelligible par les âmes qui se livrent à l'activité de connaissance et à l'activité pratique. Enfin, ces âmes n'auraient pas le désir de connaître et d'agir si elles n'estimaient pas que cette double activité est bonne. Grâce au Bien, non seulement la vie théorique mais la vie pratique acquièrent une dignité. Certes, pas plus que nos yeux ne peuvent regarder le soleil en face, pas davantage notre âme ne peut fixer directement le Bien. Mais comme il est écrit dans le *Philèbe* (65a-b), « nous saisissons le Bien sous la forme de la beauté, de la proportion, de la mesure ».

Nous voyons mieux l'articulation qui existe entre le thème de la recherche du Bien et celui du retour du philosophe dans la Caverne, comme si cette allégorie ne prenait tout son sens que par rapport au Bien. Si les philosophes des îles des Bienheureux ne consentent pas à s'occuper des affaires publiques, c'est parce qu'ils s'imaginent y habiter déjà et croient déjà posséder le Bien. Loin d'enfermer le philosophe dans la vie contemplative, le Bien permet à celle-ci de s'ouvrir à la vie active, de telle sorte que, dans le cas du philosophe-roi, « pouvoir politique et philosophie se rencontrent et s'ajustent l'un à l'autre sur la même tête » (V, 473d). C'est le Bien qui favorise cette rencontre et lui confère sa valeur.

Il en résulte que ni le seul goût pour l'activité intellectuelle, ni le seul désir du pouvoir, ni enfin leur réunion, ne sont la source de cette valeur : ni le pouvoir soumis à l'idée, ni l'idée soumise au pouvoir ; mais leur association « sous la lumière du

Bien » (473e), qui sert de « juste mesure » ; car on imagine sans effort l'effet dévastateur d'une telle collaboration émancipée de toute référence au Bien, de la rationalité et du pouvoir, dans la figure, par exemple, du despotisme éclairé. Platon, nous semble-t-il, ne fait pas confiance à une rationalité livrée à elle-même, puisque c'est le Bien qui lui tient la bride. En pastichant le mythe de l'attelage ailé dans le *Phèdre*, nous pouvons imaginer l'attelage, dans la tête du philosophe, de la rationalité (les idées) et du pouvoir, et que conduit le Bien. Il appartient désormais au philosophe, sous la lumière du Bien, de mettre en œuvre un savoir et un art qui instituent ce qui vaut le mieux et autant que les circonstances le permettent pour la communauté des hommes tout entière (VII, 519e).

Sans entrer dans les détails, signalons la différence considérable qui sépare le Bien platonicien de celui de Plotin. Pour ce dernier, le Bien est orienté vers le « monde intelligible », car il est la source de la genèse et du développement des idées, desquelles, à leur tour, émaneront sous une forme très atténuée les choses sensibles. Il en résulte que le monde sensible dans le chatoiement de ses formes et de ses couleurs se retrouve dans le monde intelligible mais d'une manière mille fois plus éblouissante encore : les rouges y sont plus rouges, les verts plus verts ! Le monde sensible, loin d'être supprimé dans le monde des idées, y est tout au contraire intensifié. On comprend donc bien le désir de l'âme humaine et celui du sage de s'élever d'abord au niveau des idées et, ensuite, par-delà celles-ci, de s'unir au Bien qui en est la source, de s'assimiler à lui dans une expérience de la fusion quasi mystique. Le Bien, pour Plotin, loin d'orienter les idées vers l'usage que peuvent en faire les âmes, aspire ces dernières à lui. Le thème de la démiurgie n'a plus aucun sens.

Le philosophe-roi et la foule

Voici donc le philosophe-roi tout frais sorti du discours de Socrate, avec, en prime, un manifeste que l'on pourrait presque afficher sur les murs de toutes les cités : « Tant que les sociétés humaines n'auront pas à leur tête un philosophe, elles ne pourront mettre un terme à leurs maux et à leurs malheurs ! » Politique et philosophie ! Le vertueux, l'austère, voire déjà kantien Adimante, un des interlocuteurs de Socrate dans *La République*, s'indigne presque de voir Socrate faire ainsi le « grand écart » (VI, 487b) et adopter là une position grotesque. Des philosophes, dit le jeune homme, nulle cité n'en veut, inutiles et pernicieux qu'ils sont aux yeux de la foule. C'est que le « bienheureux Adimante », comme se plaît à l'appeler Socrate, rêve encore aux îles du même nom où tout n'est que beauté, alors même que Socrate va lui présenter en image un autre type de philosophe qui allie le bouc et le cerf (488a), la beauté et la laideur, bref, un personnage grotesque au sens déjà hugolien du terme. Ici, le discours exceptionnellement long de Socrate entraîne son philosophe et la foule sur un navire dans une tempête qui sévit audehors et à bord. Ce bateau ivre a embarqué son propriétaire et des hommes inexpérimentés. Privés de pilote, les hommes se battent entre eux pour assurer, mais en vain, le commandement du navire. Ils neutralisent le propriétaire en le ligotant. C'est que ce dernier « a la vue basse et l'oreille un peu dure ». Pour ces marins qui n'en sont pas, c'est une bouche inutile et surtout un homme incapable de conduire le bateau qui est le sien. Nous savons, nous lecteurs, qu'il n'en est rien : il sait gouverner, sait se plier « à la nécessité de se mettre en souci de l'époque, de la saison, du ciel, des astres, des vents, bref des conditions qui se rapportent à l'art de la navigation ». Seulement, est-ce ruse ou mauvaise volonté de sa part, il dissimule son art aux marins et il n'est pas exclu que les marins ne s'en doutent pas. Il lui faudrait mettre fin à sa myopie et à sa surdité feintes pour répondre au vœu des marins d'être commandés par un pilote expérimenté. Leur tumulte naît non pas de leur refus de tout commandement, mais de son absence.

« Bienheureux Adimante, n'incrimine pas la foule ! » (499e.) Qu'à l'accusation d'inutilité de la part de la foule ne réponde pas le mépris du philosophe. Si Thalès avait expliqué à la servante thrace pour quelle raison il descendait dans un puits, peut-être que celle-ci n'aurait pas inventé cette histoire de chute et colporté la rumeur que l'on sait. Par ces explications, Thalès n'aurait-il pas transformé son ignorance en une « opinion vraie » (*doxa aléthès*) qui, sans équivaloir à la science (*épistémè*), aurait été telle une semence de vérité semée dans l'âme de la jeune fille ? Platon, dans le *Ménon*, ne procède pas autrement quand il révèle à un jeune esclave qu'il est très capable de faire de la géométrie. Les torts pour Socrate sont, en définitive, partagés ; mais c'est au philosophe à faire le premier pas, « à condition qu'il veuille [le navigateur-philosophe] à l'avenir se qualifier réellement pour conduire un navire » (489d).

Socrate, qui n'est pas en peine d'images dans ce livre VI, propose à Adimante celle d'une bête figurant la foule. Il s'agit d'un animal énorme, puissant et roulant sur lui-même et qui tantôt désire ceci, tantôt désire cela et souvent les deux à la fois : description d'une humanité prépolitique soumise à la seule nécessité des désirs, qui ne dispose que du pseudo-critère du plaisir (et de celui de la peine ou de la frustration) pour évaluer ce qui lui paraît bon et mauvais. Que peut faire le philosophe, « confronté à cette bande de fauves » (496d) ? Le face-à-face entre ces deux personnages – foule et philosophe – dont le caractère extrême ravit Adimante semble représenter une impasse et un obstacle insurmontable à l'avènement du philosophe-roi.

Mais à lire le texte de plus près, il apparaît que Socrate se livre beaucoup moins à une critique sans appel de la foule qu'à celle des démagogues qui, par leur art, mettent la foule en furie ou l'apaisent en fonction de la fluctuation de ses désirs. Thrasymaque personnifie jusqu'à ce moment du dialogue le démagogue : il est la foule. Socrate, quant à lui, commence par ironiser sur les philosophes qui jouent à la « belle âme » et qui, « dans la tempête, quand le vent soulève la poussière et chasse les trombes d'eau, se tiennent à l'abri d'un petit mur, et se félicitent, en regardant les autres regorger d'injustice, de la vie juste et pure qu'ils mènent eux-mêmes » (496d). Ces sages laissent ainsi le champ libre aux démagogues. Ceux-ci se nourrissent de la foule et la nourrissent par la flatterie. Flatter requiert un savoir empirique : connaître les désirs, les humeurs, les craintes et les espoirs, les réactions de la foule ; savoir dont on tire des techniques de manipulation ; savoir et art qui peuvent être l'objet d'un enseignement (493d). Les démagogues, à leur manière, sont des démiurges, car ils miment ce « modèle » qu'est la foule et leur âme, du même coup, se rend de plus en plus semblable à elle. Celle-ci, privée d'éducation et d'institutions politiques, a besoin d'un maître, en vient à désirer la servitude à l'instar des démagogues qui se soumettent servilement à elle.

La bonne volonté de Socrate ne saurait rapprocher la foule du philosophe, les désirs irraisonnés de la raison, *si* n'existait pas une force, une instance médiatrices que Platon nomme le *thumos* et dont il avait fait l'analyse dans le livre IV. Le *thumos* était à l'œuvre chez les matelots. Leur tumulte n'était pas l'effet de leur désir de l'emporter les uns sur les autres, dans une sorte de guerre de tous contre tous à la manière de Hobbes, mais celui de leur indignation, indignés qu'ils étaient précisément de ne pas savoir piloter et de se heurter à l'indifférence du navigateur. Le *thumos* désigne, d'une part l'indignation devant l'injustice, d'autre part la peur tant pour un individu que pour un groupe de perdre sa vie ; en quoi il est un réflexe « de sauvegarde, de survie » (IV, 429c-d). Lui seul pouvait faire front à la rivalité des matelots et leur faire accepter l'autorité liée à l'art de gouverner un navire. Il désigne dans l'âme des hommes et dans tout groupe humain (ceci au nom de la correspondance entre l'âme individuelle et la société) l'irritation, l'indignation vis-à-vis de la complaisance qu'on a envers ses désirs, et il fait naître la crainte de se perdre quand ces mêmes désirs nous menacent. C'est la colère de Bérénice amoureuse, dans la pièce de Racine, quand Titus lui annonce qu'il ne peut plus l'épouser et cette colère fait que, contrairement à Camille, elle retrouve la raison. Cet exemple permet de préciser le statut de cette instance tout à fait extraordinaire.

L'âme est présentée comme un champ de forces

qui subit la double attraction de la raison et des désirs, symbolisés ici par le philosophe et par la foule. Pour contrecarrer ce duel, Platon pose une force médiatrice et réconciliatrice qui peut désamorcer le conflit. En effet, le *thumos* tantôt combat avec le désir dont il exprime l'irritation et la fureur, tantôt se met au service de la raison dont il exprime l'indignation et la fermeté ou l'endurance. Sa fonction médiane en fait un mixte de désir et d'intelligence, mais à condition qu'il soit lui-même éduqué, qu'il passe de l'état sauvage a un état civilisé. Dans ce cas, le *thumos* deviendra une ardeur éclairée par le savoir, un contrôle de soi par rapport aux désirs, aux plaisirs et aux peines. Bien plus, grâce à l'éducation, il va représenter le courage politique, l'« esprit politique » : car dès qu'il y a groupe social, il y a un « bien commun » pour ce groupe qui s'accompagne d'un « sens commun », c'est-à-dire d'évaluations concernant ce qui favorise ou non ce bien commun et par conséquent la vie et la survie du groupe. Certes, comme le rappelle Platon, un gang a lui aussi son bien commun et son *thumos* ; d'où l'importance de l'éducation et de l'institution politiques de ce « sens commun ». Nous voyons cette transformation dans le personnage de Thrasymaque qui apparaît désormais beaucoup moins comme le représentant de la foule définie comme tumulte des désirs que comme celui de cette même foule définie aussi comme ardeur, indignation, courage.

Le philosophe ne pourra désamorcer l'animosité de la foule à son encontre qu'en jouant sur son *thumos*, lequel peut réagir positivement aux effets dévastateurs pour elle de ses désirs et s'indigner d'être manipulé. Comme on le constate, la référence au Bien joue pour les philosophes nouveaux ce que l'éducation du *thumos* joue pour la foule prépolitique. Double éducation par conséquent, sur laquelle repose le pari du philosophe. Il ne s'agit pas de supprimer le désir (ce qui serait un non-sens), mais de parer à certains de ses effets destructeurs. La cité du philosophe-roi ne sera pas une cité purement rationnelle impliquant on ne sait quel ascétisme et qui ferait face alors, en son sein ou à sa périphérie, à une part d'elle-même livrée à l'indétermination et au tumulte des désirs irraisonnés, abandonnée du même coup aux démagogues. Grâce au *thumos*, Thrasymaque fait son entrée dans la cité du philosophe-roi. Elle sera une cité « métaxique », ou de la médiation entre raison et désirs, entre philosophe et foule.

Double volet de l'éducation, avons-nous écrit. Il est significatif de voir que Platon, dans le livre IV de *La République,* a recours à la métaphore du tissage pour décrire l'éducation du *thumos*, qui peut devenir l'auxiliaire de la raison. Cette métaphore rejoint celle du « royal tisserand ». L'action du *thumos* est comparée à l'opération initiale de nettoyage de la laine avant celle de sa teinture (429b-d). Il s'agit d'une « préparation laborieuse et soignée, pour que la laine reçoive une couleur qui ne déteindra pas ensuite au lavage ». Si le philosophe apporte la teinture, il appartient à la foule (à son *thumos*) de procéder à son propre nettoyage. Les couleurs figurent les lois qu'établira le philosophe-roi. « Les plaisirs, les peines, les craintes et les désirs de toutes sortes » représentent ce qui est à nettoyer. De la qualité du nettoyage dépendra la bonne ou mauvaise fixation des couleurs. Leur éclat cependant courra toujours le risque d'être terni par l'action des affections et des désirs de la foule.

Après l'art du nettoyage viennent ceux de la teinture et du tissage. *Le Politique* prend ici le relais de *La République*. Colorer la foule et la vêtir ! On croirait assister à son sacre : on lui enlève ses oripeaux ; on la décrasse ; on lui fait revêtir des habits aux couleurs éclatantes. (Sur l'éclat des couleurs, voir notamment *Le Politique*, 277e, *La République*, 420c-d, 429d.) Plus tard, Aristote écrira de belles pages sur le port du vêtement, sur celui qui se tient, qui tombe bien et qui convient à celui qui le porte, au point qu'il devient une seconde nature. Avec la fabrication des vêtements, la foule ou l'humanité accède à la véritable culture. Le lecteur peut se reporter aux *Cavaliers*, la pièce d'Aristophane, qui nous fait assister à la régénérescence du *Démos*.

Le récit de Socrate qui raconte l'histoire du bateau ivre atteste que le philosophe (le navigateur) ne doit pas se contenter d'informer la foule (les matelots incompétents) qu'il sait gouverner ; l'appel au *thumos* de la foule ne signifie pas seulement qu'il est possible au philosophe de persuader les hommes d'être tolérants vis-à-vis des philosophes, ou encore de les persuader que la philosophie n'est pas nuisible à la vie sociale. Le sens et la portée de ce récit vont beaucoup plus loin : le pilote-dialecticien doit gouverner réellement ; son savoir est un art politique, ainsi que nous l'avons montré dans le chapitre précédent. D'autre part, de ce savoir et de cet art nul philosophe n'est « par nature » propriétaire – on ne naît pas dialecticien ; il appartient à chaque homme de pouvoir le devenir. Les philosophes ne naissent pas ailleurs que dans la Caverne, que dans la société. Il ne faut donc pas lire le thème de la solidarité nouvelle qui apparaît entre la philosophie et la foule comme une sorte de condescendance de la première vis-à-vis de la seconde, mais comme le point de couture qui tisse ensemble le savoir et la vie politique. Le thème du philosophe-roi atteste que l'humanité dans son ensemble peut s'émanciper de l'ignorance dans la mesure du possible ; ce thème ne consacre donc pas du tout la mainmise des « gens qui savent » sur « ceux qui ne savent pas », mais tout au contraire la nouvelle alliance du savoir et de la politique qui concerne tout un chacun. Ainsi que le rappelle Platon dans le livre VII (519e), cette alliance « doit chercher à faire le bonheur non d'une partie privilégiée de la cité [les philosophes que la nouvelle cité tolérerait enfin], mais le bonheur de tous les citoyens ». Au risque de choquer, nous pouvons dire que le thème du philosophe-roi n'est pas du tout éloigné de celui des Lumières, puisqu'il contient le projet d'une culture de l'humanité fondée sur l'éducation et sur des institutions politiques qui ne sont plus étrangères à la raison et au Bien[1].

L'intérêt, enfin, du thème du philosophe-roi est de mettre l'accent sur l'activité propre des hommes, symbolisée par le thème de l'âme démiurgique, sur la responsabilité, puisque la réalisation de ce nouveau projet d'éducation politique n'est nullement l'effet d'une quelconque nécessité historique ou d'une raison qui l'imposerait comme à l'insu des hommes en se servant de moyens irrationnels ou de forces de fait. Nulle nécessité d'aucune sorte, par conséquent, dans l'apparition du philosophe-roi et dans celle de la cité juste et la meilleure,

1. Il va de soi que la comparaison avec les Lumières ne doit pas faire oublier que pour Platon la raison n'est pas livrée à elle seule, puisqu'elle est liée au Bien.

puisqu'elles dépendent de la direction que les âmes humaines prendront, qu'elles se tournent vers le Bien ou vers des pratiques purement factuelles. La philosophie de Platon est de ce point de vue doublement vertigineuse : par le haut, dans sa référence au Bien et aux idées ; par le bas, dans sa référence à quelque chose qui est la plupart du temps chaotique. Les âmes voyagent entre ces deux pôles, pour le meilleur et pour le pire. Le leitmotiv platonicien : « s'il se rencontre des philosophes [...] », ne renvoie donc pas à des « natures » philosophiques prédestinées, mais à la contingence de telle ou telle sorte d'orientation des âmes humaines. Si, *par chance*, il se rencontre des dialecticiens, alors il nous est permis d'espérer ; si, par malencontre, vient un temps où aux philosophes se substituent sophistes et démagogues, nous avons tout lieu de craindre et de désespérer[1].

---

1. Dans *Le Politique* (301e), Platon distingue radicalement le roi dans la cité de la reine dans la ruche. Le roi peut redevenir un simple citoyen tandis que la reine ne peut devenir une abeille ouvrière. Il n'y a donc pas de roi « par nature » au sens où celle-ci sélectionnerait et spécialiserait certains êtres humains. Le philosophe-roi peut donc redevenir un simple citoyen.

CHAPITRE V

La cité du philosophe-roi

L'enjeu de La République *ou de la* Politeia

Si notre lecture est fidèle au texte de Platon, l'institution de *La République* répond à l'accomplissement du précepte énoncé dans le *Théétète* : en faisant un détour par le divin (les idées et le Bien), les âmes humaines se rendent semblables à lui, et ce, en vivant selon la justice *(dikaios)* et selon la piété *(osios)* dans la clarté de l'esprit. Ce précepte, nous ne l'atteignons pas seulement par la rectitude de nos discours, mais aussi par la mise en œuvre d'une « règle de vie » (fin du *Gorgias*), grâce à laquelle nous pouvons « vivre en pratiquant la justice tant dans la vie privée que dans la vie publique » (*Gorgias*, 527b). Tel est le lot qui nous échoit et telle est notre responsabilité à l'intérieur du vaste « arrangement ou de la grande communauté cosmique » que Platon, toujours dans le *Gorgias*, nomme la *philia*. Cette amitié cosmique s'exprime dans les termes de l'égalité géométrique ; elle est une mesure dont nos âmes ont l'usage pour instituer leur règle de vie. Elle n'est pas un idéal situé au-delà de nous puisque nous la pratiquons, fût-ce d'une manière imparfaite.

« Les sages, Calliclès, affirment que le ciel et la terre, les dieux et les hommes, sont liés par quelque chose qu'ils ont en partage *(koïnônia)* et qui prend pour noms : l'amitié *(philia)*, la pondération spontanée *(sôphrosunè)*, la justice ; de sorte que, pour les sages, le tout se nomme *cosmos* et exclut l'absence d'ordre et de juste mesure (*kolazô* : émonder, élaguer). Tu prétends pratiquer un savoir qui vit de l'oubli de l'égalité géométrique, alors même qu'elle est toute-puissante parmi les dieux et parmi les hommes. S'il te semble qu'il faut l'emporter sur les autres, c'est que tu ne prends pas soin de la géométrie. » (*Gorgias*, 507e-508a.)

À la différence du lieu *(topos)* quasi naturel où résident les dieux et que régit de toute éternité cette mesure, le lieu où ont à résider les hommes est à délimiter et à ordonner. Le type d'harmonie à réaliser n'est donc pas une copie du type d'harmonie qui régit les dieux ; il ne s'agit pas de singer les dieux. Une telle mimétique d'ailleurs s'accompagnerait de coercition ; elle relèverait du forcing, puisqu'elle appliquerait aux humains ce qui vaut pour les dieux ; ou bien, au contraire, l'harmonie humaine émanerait directement de l'harmonie divine. Or les humains ont une âme qui n'est que partiellement divine et qui, en outre, est liée à un corps. La conception platonicienne de la communauté cosmique exclut ce double cas de figure, contrainte et émanation. Elle présente en effet les deux caractères suivants :

1° La mesure cosmique est une et *unique*. Elle vaut pour les dieux et pour les hommes. Ce qui signifie qu'il n'y a pas d'appel possible à une transcendance d'un ordre divin ou à une cité de Dieu qui serait au-delà du monde humain et qui interviendrait directement ou indirectement dans ce monde (*cf.* les thèmes de la grâce divine et de la Providence). C'est le même principe d'ordre qui se retrouve à tous les niveaux, dans les deux communautés et entre ces communautés. Est éliminée, dès le départ, l'idée augustinienne de la double appartenance des hommes à une cité céleste et à une cité terrestre.

2° Si la mesure cosmique est unique, elle prend toujours en compte les types de communautés qu'elle ordonne ou dont elle rend possible l'ordonnancement, c'est-à-dire des communautés différentes, *hétérogènes* ; en quoi cette mesure est dite *juste*, puisque la justice, dans sa définition, consiste « à rendre à chacun ce qui lui convient » (début de *La République*). Ce qui convient à la communauté des hommes ne convient pas à la communauté des dieux et vice versa. Dans le cas contraire, il y aurait *ubris*, démesure dans l'ordre cosmique, parce que la mesure opérerait d'une manière homogène, en éliminant précisément l'hétérogénéité des communautés. Telle est la grande justice distributive qui opère partout et qui attribue à chaque type d'êtres la sorte d'arrangement qui lui convient. L'*ubris* résiderait dans la transgression de ce jeu de places et de communautés ; elle reviendrait à confondre les dieux et les hommes. Unicité et hétérogénéité, tels sont les deux caractères de la *koïnônia* cosmique et qui définissent la mesure au sens qualitatif.

Il appartiendra, par conséquent, au philosophe-roi de respecter à l'intérieur de la cité cette double caractéristique. La justice politique devra être unique : identité structurelle entre la singularité individuelle et la cité. Cette unicité définira le citoyen. Celui-ci n'appartient pas à deux mondes, mais à un seul, à celui que le philosophe instituera en faisant bon usage de la mesure cosmique. La justice politique devra aussi rendre à chacun – individus et communautés particulières qui font partie de la cité – ce qui lui convient. L'espace civique sera un espace politique hétérogène, un ordre topologique distribuant des lieux différents, assignant des places non identiques, de sorte qu'on ne puisse tomber ni dans l'homogénéité ni dans la confusion. Articuler, sur la base de cette différenciation préalable, des fonctions politiques hétérogènes peut seul limiter au maximum la coercition, assurer l'unité de la cité sans la transformer en un « totalitarisme » qui homogénéise tout et décide de tout. Ainsi est exclu l'arbitraire de la domination d'une partie de la cité sur les autres.

Nous voyons certes poindre l'objection qui s'appuie sur le fameux projet élaboré dans *La République*, qui consiste à supprimer la famille (communauté des femmes) et à instaurer le communisme (communauté des biens). Nous renvoyons à plus tard l'examen du sens et de l'enjeu de ces deux thèmes dont la fonction est de tester, comme dans le cadre d'une expérience cruciale, l'articulation de l'unité avec l'hétérogénéité de la cité.

Justice et piété : le mythe du Jugement des morts

On peut lire *La République* comme une grande mise en scène philosophique dont le personnage principal est la justice. Il faut qu'il y ait une justice ; faute de quoi, les hommes ne pourraient s'en remettre qu'à des chefs. Si la cité, d'autre part, ne peut pas être ordonnée par une justice plus puissante que les désirs, les passions des singularités individuelles et que les intérêts des groupes sociaux, alors le monde humain est exclu de l'harmonie ou de l'amitié cosmique ; il mène une existence solitaire et désordonnée, tel un paria du cosmos, à l'instar de Calliclès, dans le *Gorgias*, qui s'exclut, par son silence, du *dialéguesthaï*, c'est-à-dire de la recherche par le dialogue de ce qui est juste et de ce qui est injuste.

Ce n'est pas un hasard si *La République* s'ouvre sur une référence à la justice des Enfers ou de l'Hadès et s'achève par une descente aux Enfers. On retrouve la même mise en scène dans le *Gorgias* où Socrate convoque ses juges devant le tribunal de Pluton, et dans le *Criton*, où le même Socrate convoque les lois d'Athènes devant le tribunal de l'Hadès.

On pourrait croire, à première lecture, qu'il s'agit, pour Platon, de prouver la validité de la vie juste du seul individu Socrate et de prouver l'injustice des lois et des décisions d'Athènes. « Socrate, le meilleur, le plus sage, le plus juste », lit-on dans le *Phédon* (118a). Dans ce monde d'injustice généralisée, il existerait un homme juste, mais seul. Il s'agirait de sauver Socrate du mal et du malheur dont le monde politique est la proie : un Socrate contre ses juges, contre la cité, contre toute cité et qui se réclamerait d'une justice divine, transcendante aux parodies de justice qui règnent chez les hommes. Socrate apparaîtrait comme une singularité à nulle autre semblable, tel ce personnage d'une tragédie célèbre, Œdipe, cette autre singularité, mais ici dans le crime. Double figure antithétique de l'individu vertueux et de l'individu criminel qui, l'un et l'autre, transcendent la pseudo-justice des hommes et des cités par leur vertu ou par leur vice. Dans le droit fil de cette lecture, on oppose l'une à l'autre la justice politique et la piété. La première consisterait à payer sa dette de justice envers les hommes ; la seconde, à payer sa dette de justice envers les dieux. Telle est l'opinion du digne vieillard Céphale, au tout début de *La République*, qui s'est acquitté de ses dettes d'argent envers les hommes et ses héritiers et de ses dettes religieuses envers les dieux en leur rendant un culte. Socrate, de la même manière, se réclamerait de l'*osios*, d'un rapport individuel et privilégié avec le divin qui ignore toute injustice. Le procès de Socrate que Platon met en scène serait le procès de la politique menée par Socrate.

Cette lecture est tout à fait contestable. Tout d'abord, la justice pénale telle que Platon l'élabore dans *Les Lois* (voir notamment le livre XI, 934b) va à l'encontre de la justice des Tragiques. Elle ne « punit » pas les criminels, les individus, mais les crimes ; elle introduit l'égalité géométrique en proportionnant peine et délit, dommage subi par la victime et préjudice que le criminel va subir. Mettre l'accent sur le crime et non plus sur le criminel revient à définir juridiquement le crime. La recherche d'une proportionnalité entre délit et peine, mettant de côté l'idée d'une culpabilité individuelle infinie, consiste à réinscrire le fautif dans l'ordre de la cité et du même coup dans l'harmonie cosmique définie elle aussi comme égalité géométrique.

Cet ordre, cosmique et politique, serait menacé par l'existence d'une faute infinie et par conséquent inexpiable, d'une faute exorbitante à cet ordre, comme le sera le péché mortel. Dans cette perspective, il faudrait poser une singularité humaine négativement infinie dans son rapport malheureux à la seule divinité. Or Platon n'a jamais élaboré une théorie religieuse ou philosophico-religieuse de la singularité individuelle, construite sur ce rapport malheureux à la divinité, rapport qui, en même temps, lui confère une part de sa puissance et de son infinité. Cette relation directe au divin conférerait, en outre, à l'individu le droit de se poser au-dessus de la cité. Bref, Calliclès n'est pas un pécheur et Socrate n'est pas un saint. Nulle infinité transpolitique et transcosmique dans le vice comme dans la vertu.

L'institution du tribunal de Nuremberg nous paraît conforme à la conception platonicienne de la justice pénale. Si atroces que fussent les crimes commis, ce fut à un tribunal « cosmopolitique » qu'il appartint de fixer le « montant » de la peine. En langage platonicien, ces crimes contre l'ordre politique et contre l'ordre cosmique relevaient, quant aux peines, de l'usage de ces mêmes ordres. Tout au contraire, la prise en considération du caractère diabolique ou négativement infini des crimes fait perdre toute légitimité à l'institution d'un tribunal humain. La punition relève alors de la seule justice divine.

Dans le *Criton*, Socrate amène sur la scène philosophique les lois d'Athènes et proclame qu'elles sont « sœurs des lois de l'Hadès ». Il veut convaincre Criton (qui désirait faire évader Socrate) de l'unicité de la justice, de celle de l'Hadès et de celle de la cité. C'est au nom de cette unicité que Socrate décide de se soumettre à la sentence injuste de ses juges, et, par sa décision, il réintègre l'ordre politique dans l'ordre cosmique.

En effet, ne pas admettre les lois de sa cité et de la patrie qui l'a nourri pendant soixante-dix ans, sous prétexte que lui, Socrate, est l'homme qui a de la vertu un souci réel (*Criton*, 51a), n'est pas permis à Socrate qui se mettrait ainsi en contradiction avec sa propre justice. Le même raisonnement vaudra pour le futur philosophe-roi que les hommes de la Caverne ont nourri et qui doit, en toute justice, y revenir. En fuyant Athènes, en fuyant ses lois, Socrate conforterait la sentence injuste dont il est victime, sentence qui fait injure non seulement aux lois de la cité, mais surtout à ce qu'est une loi. Toutes les mises en scène du procès de Socrate qui jalonnent bien des dialogues ont pour fonction de montrer que c'est la cité athénienne qui se met en contradiction avec la justice, justice sans laquelle elle ne pourrait pas être une cité. En condamnant Socrate, la cité se met donc en contradiction avec elle-même.

En affirmant que les lois d'Athènes sont sœurs des lois de l'Hadès, Socrate montre que les lois humaines, qui commettent souvent des injustices, doivent tendre d'une manière asymptotique vers les lois divines qui, quant à elles, ne commettent pas d'injustice (*Criton*, 54b-c). Ceci nous éclaire sur la relation qui existe entre l'*osios* et le *dikaios* : la piété, c'est la justice pleinement réalisée, la justice parfaite, non pas transcendante à la façon d'un idéal, mais identique à sa pure expression géométrique et qui, comme telle, ne commet pas d'injustice. Entre la piété et la justice, il n'y a pas de différence de nature mais de degré. « Il faut avoir toute sa vie les yeux fixés sur un but, vers lequel il faut tendre toutes nos forces, les nôtres comme celles de la cité, pour réaliser dans l'avenir la présence de la justice et de la sagesse. » (*Gorgias*, 507d-e). La métaphore du tir à l'arc et de la cible montre que le tireur *peut* atteindre la cible et qu'il peut, d'une manière encore une fois asymptotique, faire mouche sur son centre, c'est-à-dire sur la piété.

Ainsi la même harmonie ou amitié cosmique s'exprime-t-elle comme piété et comme justice, et c'est « en pratiquant la justice que les hommes, tant individuellement que politiquement, peuvent tendre vers la piété » (fin du *Gorgias*). Il apparaît bien que l'encadrement de la République par une double référence à l'*osios* atteste que la justice de la cité qui va être fondée ne sera pas une parodie de justice, mais une justice qui prendra place dans la grande communauté cosmique. (Sur l'*osios*, on peut se référer à *Eutyphron* et à la *Lettre VII* ; sur la *philia* cosmique : *Gorgias*, 508a ; *Le Banquet*, 202e ; *La République*, VII, 526a, 531a ; *Les Lois*, V, 746 et suiv., et XII, 966-967.)

Une cité née du logos

Un fois le juste et le pieux Socrate réintégré dans l'ordre politique et dans l'ordre cosmique, il était logique que Platon lui confiât le soin de donner vie à la recherche de ce qu'est la justice tant individuelle que politique. Il eût été, en revanche, pour le moins paradoxal de mobiliser pour cette tâche un Socrate dont la vertu s'appuierait sur un ordre divin transcendant celui de la cité. Aux yeux de Platon, Socrate personnifie *dans la cité* le philosophe juste et pieux. Lui seul pouvait donc, avec l'aide de ses interlocuteurs, faire bon usage de la « juste mesure » ou de la *philia* et jeter les bases d'une cité conforme à cet usage.

Le philosophe platonicien figure et incarne l'ordre réel ou vrai, en l'occurrence, ici, la justice.

Il lui faut « mettre la main sur cet ordre » (VII, 533b). Mais, si tel est le cas, pourquoi le philosophe ne suffit-il pas *seul* à cette tâche, pourquoi faire intervenir la dialectique, « cet art d'interroger et de répondre » (534d) qui, bien évidemment, suppose des interlocuteurs ? Nous devons éliminer l'idée que la dialectique serait un art didactique d'exposition d'une vérité déjà atteinte. Elle est tout au contraire la méthode de découverte de la vérité et de découverte en commun. Quand il est question du savoir véritable ou de la *noèsis*, la méthode, c'est la dialectique, et son instrument, c'est le *logos*. C'est par l'ordre des discours que les interlocuteurs construisent en commun que ces discours peuvent faire mouche sur la réalité (ici, sur la justice).

Le discours, dans sa pratique quotidienne comme dans sa pratique rigoureuse, a toujours un sujet à la fois individuel et commun : l'entrelacement des mots dans les phrases qui implique celui du même et de l'autre, de l'un et du multiple, exige un entrelacement d'interlocuteurs à la fois identiques à eux-mêmes et hétérogènes, de sorte que ces interlocuteurs tendent à réaliser en eux-mêmes et entre eux l'unité de leur pluralité à mesure que le dialogue progresse. Cette unité de la pluralité des discours définit le discours juste. Corrélativement, la progression des discours vers leur ordre juste est à l'image de celle de la cité vers son ordre juste. Entre ces deux ordres, il y a une relation d'isomorphisme. Dit autrement, la recherche de la justice par la voie de la dialectique ne serait pas réalisable si le *logos* que les hommes pratiquent n'était pas déjà porteur de l'idée de communauté qui implique l'entrelacement de l'unité et de la pluralité.

La dialectique définira donc un ordre topologique distribuant des places différentes aux interlocuteurs. Elle mesurera la part de discours à attribuer à chacun d'entre eux. Mais cette part n'est pas inamovible ou fixée une fois pour toutes dans le dialogue, et ceci parce que, à mesure que le dialogue progresse, chaque interlocuteur sort du rôle où il était enfermé au départ pour participer à cet entrelacement des rôles et des fonctions et, par conséquent, des discours que réalise peu à peu la dialectique.

À la distribution topologique des personnages dans *La République* correspond une distribution des parties de l'âme humaine, des vertus correspondant à ces diverses parties, celle, enfin, qui répartit, dans la cité construite par les interlocuteurs du dialogue, les tâches et les fonctions. La table des correspondances sera la suivante : raison, ardeur, désirs ; sagesse, courage, tempérance ; philosophe-magistrat, gardiens du régime et de ses lois, travailleurs et gens d'affaires.

Mais Socrate ? Il personnifie la justice, la quatrième vertu. C'est donc l'homme juste qui mène le jeu dialectique. Il lui appartient – puisque c'est la fonction propre de la justice – de fixer le mode de dépendance réciproque entre les trois correspondances. Socrate incarne la justice comme usage de la « juste mesure » ou de la mesure qualitative. Les quatre premiers livres de *La République* aboutissent à cette conclusion que la justice se définit à l'aide des trois autres vertus ; mais elle n'est pas du tout leur somme. Elle n'est pas le tout dont elles seraient les parties composantes. L'idée d'harmonie joue comme une fonction des éléments qu'elle unit. Dans *Les Lois* (965), Platon montre que les vertus ne s'additionnent pas comme des éléments identiques juxtaposés de sorte qu'on pourrait toujours en ajouter d'autres. L'unité de la vertu n'est autre que le principe (justice) de dépendance des trois vertus qui établit un accord harmonieux entre elles, « rendant à chacune ce qui lui est dû ». La justice est le principe qui préside au « tissage royal » du *Politique*. On ne doit donc pas interpréter le rôle de premier plan joué par Socrate comme l'expression de la prééminence d'un personnage sur les autres. Socrate ajuste les discours de chacun d'entre eux selon la justice.

Plus les personnages du dialogue entrent dans le jeu dialectique, plus ils tendent à réaliser la justice, non seulement entre eux, mais aussi entre les parties de leur âme. Comme la cité juste épouse le mouvement progressif de la recherche en commun de ce qu'est la justice, nous voyons, pour ainsi dire, la cité naître de ce discours ou de la dialectique. On peut figurer l'unité de sens de tout le dialogue par le nom d'Un et par ce même terme le tout de la cité qui en naît. La dialectique, en mesurant la part de cet Un qui revient à chacun, correspond, sur le plan politique, au partage juste de l'Un et qui a pour dénomination le bien commun. Cette recherche en commun fait bien apparaître la justice propre au *logos* qu'aucun interlocuteur ne doit accaparer. Bref, la pratique juste du *logos* permet d'atteindre cette réalité qu'est la justice tant individuelle que politique. La cité est déjà là, comme en filigrane, dès que des hommes commencent à parler en commun ou à partager ce bien commun qu'est le *logos*. C'est par la dialectique que la cité accède à son propre fondement ou plutôt à la vérité de son fondement, à l'universalité, dirions-nous aujourd'hui, de ce qui la fonde.

Que la justice, celle de l'âme et de la cité, ne puisse être recherchée que par la voie du discours tenu par des hommes permet d'éclairer le sens de la correspondance entre la triple répartition des parties de l'âme, des vertus et des fonctions politiques. Une telle correspondance, en effet, peut tout d'abord faire penser à une société de castes, qui distribue et hiérarchise les êtres et les groupes, leur fonction et leur fin propres, tuant dans l'œuf tout empiétement. Ainsi en est-il des prêtres, des guerriers, des métiers, chez les peuples indo-européens étudiés par Georges Dumézil. D'autre part, le principe de cette répartition rigide pourrait ressembler au *dharma* hindou, c'est-à-dire à cette justice divine et cosmique qui agit directement sur les hommes et fixe leur mode de répartition hiérarchique dans la vie sociale. La comparaison du *dharma* avec la justice platonicienne est intéressante parce qu'elle peut faire voir leur point commun et en quoi elles divergent.

En effet, le thème d'une justice unique, en ce qui concerne Platon, semblerait réintroduire un élément archaïque : celui d'une justice qui agit dans le cosmos et dans le monde humain. L'un et l'autre fonctionneraient alors comme une ruche. En revanche, le thème chrétien et moderne d'une double justice, l'une divine qui concerne les individus, l'autre seulement humaine qui s'applique à leur vie sociale, promeut la valeur de chaque individu ou de la personne, et ce thème est anti-archaïque. Or la position de Platon est tout à fait originale dans la mesure où elle articule l'un à l'autre le thème d'une justice unique et celui, non pas de l'individu, mais de l'âme automotrice et dont l'activité par excellence est celle de la parole. Ce dernier thème est totalement absent dans la théorie du *dharma*. Par voie de conséquence, dans l'hindouisme, la justice divine ne peut pas ménager une place à une justice proprement politique, laquelle implique que les hommes puissent mener un débat, si aléatoire soit-il, sur leur mode de vie en commun. La justice cosmique platonicienne, rappelons-le, ne produit pas directement ses effets dans la société humaine dont elle quadrillerait les fonctions et les échanges.

Si Platon fait naître une cité et des citoyens de l'usage juste du *logos*, c'est parce que la suppression de cet usage et du même coup celle de l'âme reviendraient à ne reconnaître qu'une justice immédiatement toute-puissante.

La question de l'identité de la justice dans l'âme et dans la cité

Cette identité structurelle, conséquence de l'unicité de la justice, fonctionne-t-elle comme une structure entièrement programmée, de telle sorte, par exemple, qu'un homme ne peut être juste que dans une cité juste, qu'un homme ne peut être injuste que dans une cité injuste, qu'un homme ne peut pas être juste dans une cité injuste, etc. ? Leo Strauss, notamment, affirme que la correspondance entre l'âme et la cité n'en est pas vraiment une, puisque le sage, Socrate en l'occurrence, fut juste dans une cité injuste. En arrière-plan de cette affirmation se trouve, pour Leo Strauss, l'idée fort chrétienne d'une double justice, l'une divine et l'autre politique. Mais par-delà ce présupposé apparaît la question d'un jeu qui desserre l'articulation entre l'âme et la cité, celle qui existe entre les parties de l'âme, celle enfin qui existe entre les trois fonctions à l'intérieur de la cité.

C'est que ce triple schéma de répartition et de

hiérarchisation ne fonctionne pas comme une harmonie préétablie, une correspondance de l'âme et de la cité qui accorderait l'une et l'autre comme deux horloges, l'une petite et l'autre grande, pour reprendre cette comparaison de Leibniz. Il y a plusieurs points à considérer.

1° L'âme et la cité doivent se conformer à un principe de hiérarchisation des fonctions qui place au premier plan le *noûs* ou la pensée par rapport au *thumos* et à l'*épithumia*. Ce principe est associé à celui d'une spécialisation fonctionnelle qui répartit les tâches. Est-ce à dire que la pensée et par conséquent le sage dirigent directement les deux autres instances ? Certainement pas. Nous retrouverions alors le schéma qui fonctionnait dans l'âge d'or, où les pasteurs divins et sages avaient tout le pouvoir en matière de commandement. Tout le pouvoir au philosophe-roi, précisément parce qu'il dispose du savoir ! Cette interprétation fait sortir la sagesse de la justice et la rend indépendante des autres instances, comme si les trois parties de l'âme et les trois fonctions dans la cité pouvaient être isolées les unes par rapport aux autres. L'idée d'une répartition des fonctions qui obéit en outre à un principe hiérarchique exclut tout au contraire qu'une de ces fonctions soit séparée des autres et qu'elle puisse l'emporter sur elles. Le même citoyen travaille, échange éventuellement et, en plus, accomplit sa tâche de citoyen. Platon pose un rapport hiérarchique entre ces trois types d'activité au bénéfice de la seconde ; néanmoins ceci n'entraîne aucune coupure ou séparation entre ces deux activités. La vie économique a ses caractéristiques propres ; cependant elle n'est pas étrangère à la vie politique. Le principe est ferme, même si, dans les faits, leur articulation est toujours à la limite de la rupture.

2° D'autre part, ce n'est pas le savoir mais la justice qui a le premier ou le dernier mot. C'est l'usage juste du savoir qui joue une fonction déterminante. La hantise de Platon d'une confusion des fonctions ne signifie pas que celles-ci soient isolées, séparées, mais tout au contraire qu'aucune d'entre elles ne prenne tout le pouvoir. Dans ce cas, il n'y aurait plus de justice, laquelle tisse un liant, une *koïnônia* entre les diverses instances. C'est bien ce « commun » qui doit empêcher qu'une partie de l'âme ou qu'une fonction dans la cité en vienne à dominer les autres ou à empiéter sur les autres. Dans la *Politeia* de Platon, la conduite des affaires politiques exige une spécialisation ; de la même manière que celle des activités économiques en exige une qui lui soit propre ; faute de quoi, ce serait soit la politique qui déciderait de tout, soit l'économique qui s'approprierait le champ d'activité des citoyens.

3° Il nous faut comprendre enfin la raison pour laquelle la pensée occupe dans la hiérarchie des parties de l'âme et des fonctions de la cité une place prééminente. Ce que Platon entend par « âme » ne désigne pas ce que nous appelons « individu » ou « personne ». Sa division tripartite répartit et hiérarchise dans l'âme ce qui va du plus partageable à ce qui l'est le moins. Commençons par les désirs. Chaque âme humaine est liée à son propre corps. De cette union naissent ses désirs. Ceux-ci désignent dans l'âme ce qu'il y a de plus individuel, de « propre à » elle, donc ce que l'âme ne peut partager avec d'autres âmes. Plus le lien qui l'unit à son corps se renforce, plus cette âme tend elle-même à s'individualiser. De là net son sentiment d'appropriation d'elle-même, d'elle-même comme propriété qu'elle ne veut en aucun cas mettre en commun avec les autres hommes. La sphère de l'*épithumia* désigne donc quelque chose qui, dans l'âme, répugne au bien commun. Dans la vie sociale et économique qui correspond à cette partie de l'âme, sont à l'œuvre des forces qui répugnent elles aussi au bien commun, à ce qui est partageable, et par conséquent à la justice. Notons au passage que c'est le lien avec le corps et non celui avec le divin qui individualise l'âme, un peu comme pour Spinoza c'est le corps qui individualise l'âme humaine tandis que son *conatus* l'intègre en Dieu.

Il résulte de tout ceci que l'*épithumia* oppose la plus grande résistance à la mise en œuvre d'une cité juste et, dans l'âme, à cette même justice qui cherche à la faire sortir de l'individualisation de ses affections. C'est par rapport à ce problème que l'hypothèse de la communauté des biens prend tout son sens, ainsi que nous le verrons plus loin.

Quant à la partie de l'âme que Platon nomme le *noûs*, elle désigne ce qui est le plus commun ou le plus partageable en elle. Une idée, une recherche commune, par la dialectique par exemple, ne peuvent être l'objet d'une appropriation individuelle. Rien de moins individuel, rien de plus « commun » que la pensée, et ceci tient à la nature propre du *logos*, comme nous l'avons déjà vu. La pensée est donc ce qui oppose le moins de résistance à la justice. Ce qu'il y a de « commun » dans l'âme se retrouvera dans la cité chez les gouvernants, chez qui ce qui relève de l'individualisation sera réduit au maximum.

Quant au *thumos*, cette ardeur qui bascule tantôt du côté des désirs, tantôt du côté de la pensée, la fonction de la justice sera d'en faire une instance médiatrice entre ce qui individualise l'âme et ce qui tend, en elle, à la communauté. Cette médiation difficile exigera toute une éducation – celle des gardiens de la cité – dont le rôle de charnière est essentiel. Nulle maîtrise ici de la pensée sur les désirs, nulle domination de la sphère politique sur la vie sociale et économique, mais un travail incessant de médiation et de répartition des fonctions.

Si la pensée occupe le sommet de la hiérarchie c'est parce qu'elle désigne, encore une fois, ce qui est le plus partageable. Il faut donc se défaire de cette interprétation, qui va d'Aristote à Hegel, selon laquelle la cité de Platon consacre la domination des sages sur les insensés sous la houlette d'un savoir ou d'une science dont les sages auraient la propriété. La *bona mens*, c'est-à-dire l'esprit humain, écrira Descartes plus tard, « est la chose au monde la mieux *partagée* ».

L'identité de la justice dans les âmes et dans la cité ne signifie que son unicité. Les décalages qui se produisent entre la réalisation de la justice dans telle âme, dans celle d'un Socrate, et la réalisation de cette même justice dans la cité ne mettent pas en cause le principe de leur correspondance. Ils attestent seulement que cette dernière n'est pas une harmonie préétablie, mais une harmonie comme tâche à réaliser. Mais, quant au fond, la question porte sur le fait de savoir si Socrate préfigurerait l'individu ou la personne au sens moderne et chrétien de ces deux termes, qui se définissent pour l'essentiel hors de toute référence politique, ou encore pour lesquels une telle référence n'est pas décisive.

Si tel était le cas, il en résulterait que Socrate et, avec lui, toute la philosophie de Platon avoueraient leur impuissance à fonder un ordre humain qui soit juste, puisque la raison de cette fondation ne pourrait pas être découverte dans l'âme des hommes, mais uniquement dans la cité. En supprimant la raison qui fonde cet ordre juste dans l'âme, il en résulte que la vie sociale et politique se détache d'elle et ne peut concerner que les corps et ce qui, dans l'âme, est noué aux corps. Autant dire que, privée de sa référence aux âmes, la politique, livrée aux seules nécessités des désirs et des intérêts, ne peut contenir la raison d'une fondation d'un ordre politique juste. Qu'il puisse, par chance et par la grâce de leur vertu, exister des hommes qui vivent avec justice dans des cités qui ne sont pas justes est une chose ; en tirer argument pour éloigner l'une de l'autre l'âme et la politique en est une autre. Cela conduirait à l'autodestruction de la philosophie de Platon, à celle de la dialectique dont *Le Politique* montre et l'enjeu et la fin, à savoir le « tissage » simultané du philosophe et de l'homme politique.

Le communisme, la communauté des femmes et le philosophe-roi

Commençons, pour la clarté de l'exposé, par citer le passage des *Lois* (V, 739c-e) qui résume ce qui a été établi dans *La République* : « L'antique maxime (celle qui réglait les confréries pythagoriciennes), c'est que toutes choses sont réellement communes qui intéressent des amis. Ainsi, communauté des femmes, communauté des enfants, communauté de tous les biens sans exception, élimination de notre existence, par tous les moyens et partout, de ce qu'on nomme propriété privée [...] mettre tout en œuvre pour que tout soit commun, même ce qui est personnel à chaque individu [...] que nos yeux, nos oreilles, nos mains, voient, entendent, fassent ce qui est commun à tous [...] que tous ensemble, comme un seul homme, soient tristes et joyeux à propos des mêmes choses [...] que les lois expriment l'unité de la cité [...]. Voici donc de quelle sorte est cette cité dans laquelle les enfants des dieux passent toute leur vie dans la joie de s'y être établis.»

On notera ici l'absence du thème du philosophe-roi. Dans *La République*, la communauté des biens apparaît sous la forme d'une allusion au livre III (416), quand il est question de la formation des gardiens de la cité nouvelle, et dont l'unique souci doit être celui du bien commun. Quelques pages plus loin (IV, 423c) Socrate fait, là encore, une allusion à la question des femmes, du mariage et des enfants, en évoquant le même proverbe pythagoricien. Cette allusion ne tombe pas dans l'oreille de sourds, puisque tous les interlocuteurs s'agitent et exigent des explications au début du livre V. Devant la dérobade de Socrate, Thrasymaque s'irrite en lui rappelant qu'«ils ne sont pas restés ici toute la nuit pour enfiler des perles!» (450c). Adimante fait référence à la même maxime pythagoricienne.

L'annonce au livre III de l'abolition de la propriété pour les gardiens n'a provoqué aucune contestation. C'est que cette mesure s'inscrit dans le cadre de la juste répartition des fonctions dans la cité entre gouvernants, gardiens et citoyens-artisans. D'un certain point de vue, le projet de réorganisation de la cité s'arrête là, c'est-à-dire à la fin du dernier tiers du livre IV (425e). Or nous assistons comme à un brusque changement de cap qui annonce une radicalisation : on passe d'un projet de réforme à un projet de refonte totale de la cité : « Les gouvernants des cités existantes légifèrent sur les points que nous avons passés en revue tout à l'heure, puisqu'ils amendent sans cesse ces lois, toujours persuadés qu'ils trouveront moyen de mettre un terme à la malhonnêteté, sans se rendre compte que c'est véritablement comme de couper la tête de l'Hydre [...] et ils y consumeront leur vie. » (425e, 426e.)

Les mesures dont il est question étaient celles qui concernaient la formation des gardiens de la cité et de ses lois. Mais nous apprenons que ces mesures concernent des cités existantes et qu'elles sont prises par des gouvernants quand l'« esprit civique » se relâche. Cette formation est double : elle vise celle des corps par la gymnastique et celle de la partie de l'âme qu'est le *thumos* par la musique, laquelle comprend l'apprentissage de l'harmonique et celle du rythme. L'éducation par la poésie et par la musique prend ces dernières pour « modèles » puisqu'il s'agit dans un poème comme dans une pièce musicale de « composer » des éléments ou des parties hétérogènes. De la même manière, la gymnastique fonctionne comme la musique de l'âme, puisqu'elle favorise un développement harmonieux de toutes les parties du corps. C'est le *thumos* qui est l'objet de cette éducation. Celle-ci n'est effective que si le corps des gardiens, source dans l'âme des désirs qui individualisent, peut, sous l'effet de la gymnastique, les « désindividualiser » dans la mesure du possible. L'enjeu est clair : faire basculer le *thumos* du côté de ce qu'il y a de « commun » dans l'âme. Exprimé autrement, il s'agit pour tout réformateur de former dans l'âme des gardiens l'esprit de discipline et de dévouement à l'intérêt public.

Cette *réforme* n'est à son tour réelle que si on pose le principe de la correspondance entre les parties de l'âme et celles de la cité. Tout ceci nous conduit jusqu'à 426e. Il faut croire que cette correspondance et l'éducation des gardiens ne suffisent pas pour que soient éradiquées les forces de division et de dissension à l'œuvre dans les cités existantes, puisque, soudain, sont annoncées et développées des mesures autrement plus radicales. Comme nous allons le constater, la question de l'unité interne de la nouvelle cité va l'emporter sur celle de sa justice, unité que le seul principe de correspondance ne peut à lui seul réaliser.

Le lecteur remarque en outre que, dans la plus grande partie du livre V, le discours de Socrate prend la forme d'un monologue. Ce livre serait-il le moins dialectique du dialogue ? La répétition de la formule pythagoricienne fournit, elle aussi, un indice. Cette tradition, en effet, prônait ce qu'on pourrait appeler un mathématisme radical. Selon elle, les nombres prennent place bien au-dessus des discours ou du *logos* ; en substituant des chiffres aux mots, on obtient un langage sûr, et toutes les approximations des discours disparaîtraient si l'on n'avait recours qu'au langage des nombres ; mieux vaut dire : Socrate mesure un mètre soixante-cinq que de faire une phrase du genre : Socrate est plus grand que Glaucon et plus petit qu'Adimante (*La République*, 602e). Aristote rappelle dans la *Métaphysique* (livre A, 987b, 12-13), que pour les pythagoriciens « les êtres existent par imitation des nombres ». Le texte des *Lois* cité plus haut inscrit, enfin, le projet de refonte totale de la cité dans le cadre non plus d'une recherche dialectique, mais dans celui d'une communauté d'amis dont le mode de vie commun est fondé sur des règles mathématiques.

N'y aurait-il pas, dès lors, insuffisance de la voie dialectique, laquelle est liée aux approximations de la pratique du *logos* et entretient, du même coup, le débat, la dispute, voire la contradiction ? Puisqu'il nous est sans cesse rappelé que la cité naît de cette pratique du *logos*, cette cité qui lui correspond souffrira des mêmes insuffisances que celles de la dialectique. Elle connaîtra disputes et contradictions et son unité ne sera jamais réalisée. « Il faut que cette cité soit *une* ; qu'elle s'accroisse à la façon d'un cercle » (c'est nous qui soulignons). À la « juste mesure » (qualitative, parce qu'elle respecte l'hétérogénéité des éléments qu'elle mesure) se substitue la mesure tout court, celle qui quantifie et qui homogénéise.

Le noyau logique de la communauté des biens et de celle des femmes relève alors de cette dernière mesure. Dans le cas de la communauté des biens, il n'y a plus de « juste milieu » entre le « trop » de propriété privée et son « trop peu », puisqu'il y a suppression de cette propriété. Éliminer toute propriété privée, c'est éradiquer tout sentiment d'appropriation, tout sentiment du « mien ». Cette éradication implique qu'on supprime les désirs ; ce qui implique, enfin, qu'on en supprime la source, à savoir le corps ! Bref, les gardiens n'ont plus de corps ! Ce qu'il en reste n'est plus, pour chacun d'entre eux, qu'une partie d'un grand corps qui n'appartient à personne. Ces gardiens s'identifient au seul *thumos* ou à l'ardeur civique, à la seule volonté de défendre l'unité de la nouvelle cité, à l'intérieur comme à l'extérieur contre ses ennemis. L'approche quantitative réduit les gardiens à l'équivalent de points géométriques ou à des éléments homogènes dont la somme est la ligne ou le bien commun. Celui-ci relève d'une unité de composition comme total d'éléments identiques. On va du même au même, puisqu'on a exclu toute source d'altérité, d'hétérogénéité, c'est-à-dire les corps propres.

Il faut croire que la formation du corps des gardiens par la gymnastique est désormais jugée inopérante. Quant à l'unité de cette cité, elle ne semble plus du tout être le résultat du tissage d'un dialecticien. On ne fabrique plus un tissu bariolé, mais une capote militaire !

La mise à l'écart du corps est rendue complète avec la communauté des femmes et des enfants. Est tout de même maintenue la fonction purement génitale du corps des gardiens. Est abolie la différenciation sexuelle et proprement humaine. La copulation s'effectue désormais en dehors de tout désir (puisqu'ils n'en ont plus) et uniquement en vue de la reproduction de futurs petits gardiens et de petites gardiennes. Nous ne sommes pas loin des « bébés-éprouvette ». Le modèle génétique est ici prégnant, puisque s'impose l'idée d'un code génétique parfait. Du reste Socrate se réfère exclusivement aux animaux pour présenter ce projet : il est question de mâles et de femelles (« les femelles des chiens de garde », 451d) ; de « gardiens de troupeaux » ; d'« identité d'élevage et de dressage » ; d'oiseaux et de chevaux dont on sélectionne les étalons pour assurer la bonne reproduction (459a-b). La famille est supprimée. Les « femelles enfantent pour l'intérêt de la cité ». Des expressions telles que : « mon père, ma mère, mon frère, ma sœur » deviennent vides de contenu. La conséquence de ce naturalisme poussé à l'extrême ou de ce biologisme qui abolit tout sentiment d'appartenance à soi-même et à une famille est que ces expressions sont fabriquées de toutes pièces par la cité. Ce naturalisme conduit au conventionnalisme le plus extrême lui aussi. Ces géniteurs, ces fécondées et leurs produits, enfants de tout le monde et de personne, pourront ultérieurement s'appeler « père, mère, fille, fils », mais « par décision de la loi et d'elle seule » et, par conséquent, d'une manière purement conventionnelle. C'est la cité qui en décide. Bien plus, c'est elle qui dispose désormais du pouvoir d'appellation du nom d'homme ou de non-homme. En effet, les enfants nés d'unions coupables, c'est-à-dire extralégales, « n'auront pas de subsistance assurée »...

Les interlocuteurs de Socrate retiennent leur souffle. Le recours au modèle génétique doit en principe éliminer tout conflit de générations, ce talon d'Achille d'une cité une et indivisible. Le lecteur apprendra que le modèle génétique échoue et que les fils vont donner du fil à retordre à leurs géniteurs...

Cette soif d'unité civique n'est pas encore assouvie. L'unification du « corps » politique dont la communauté des gardiens représente le germe se révèle encore insuffisante. La vague d'unification va toucher maintenant la tête du corps politique, les gouvernants ou magistrats que Socrate appelle les philosophes-rois. Ces têtes pensantes, au départ, semblent bien avoir leur séjour dans le seul ciel des nombres ; têtes bien peu dialecticiennes qui vont gouverner selon un savoir certain et exact (*to akribès*). Nous voici revenus aux sages pythagoriciens qui ignorent tout de la dialectique. Il va apparaître, tout au contraire, que ces philosophes-rois ont bel et bien une tête dialecticienne. Le programme de leur éducation, dans le livre VII, montre que l'apprentissage des sciences de la quantité correspond à des exercices seulement préparatoires, à « un prélude » (*La République*, VII, 531d, 534e ; *Les Lois*, IV, 722b-723d) qui précède l'« air » ou le morceau de musique. De même, les sciences de la quantité précèdent la science de la qualité par excellence qu'est la dialectique.

Que la dialectique soit présentée comme le savoir des philosophes-rois, dans cette partie du dialogue où Socrate semble céder à une sorte de passion d'unification poussée à l'extrême, vient éclairer d'un jour nouveau et plutôt inquiétant ce savoir mis en place par Platon. Tant qu'on en reste à une approche quantitative des phénomènes humains et des réalités politiques, sont laissés intacts leur intériorité, le « fouillis qualitatif » (l'expression est de Gilles-Gaston Granger) si riche de sens et d'écarts de sens qui les caractérisent. Une chose est de dire que Socrate, par exemple, mesure un mètre soixante-cinq, tout autre chose est d'introduire la mesure qualitative à l'intérieur de Socrate. Alors que les sciences du quantitatif ne portent que sur ce qui est seulement susceptible d'augmentation et de diminution, la science du qualitatif prétend porter sur ce qui fait qu'un tout quelconque en est un, et qu'il est tel tout déterminé. Il s'agit alors de concevoir ce tout par définition individuel – telle idée, tel sentiment, telle action éthique ou politique, telle cité, etc. – comme un système d'intégration de toutes ses différences et de toutes ses déviations, comme un système qui les articule les unes aux autres. La science du tout qualitatif s'érige en une expérience intégrale et définitive qui retourne comme un gant ce qui touche à l'intériorité. Celle-ci, entièrement conceptualisée, relève exclusivement du savoir et de rien d'autre. Le sens rationnel du qualitatif devient un sens purement théorique dans la mesure où, dans le domaine de l'action, notamment, la rationalité de celle-ci est révélée par le savoir et non pas par l'action elle-même. La pratique ne montre rien, ne dévoile rien. Ce n'est pas elle qui nous met en contact avec l'individuel, avec le qualitatif, mais le savoir dialectique.

Par voie de conséquence, l'action n'est plus qu'un savoir appliqué et elle perd sa spécificité irréductible au savoir. Nous en arrivons à une science politique que la pratique ne peut compléter ni éclairer en retour, mieux, à une science politique qui intègre toute pratique à l'intérieur d'elle-même. La pratique politique devient un élément parmi d'autres de la théorie dont celle-ci découvre l'articulation avec les autres éléments qui la définissent comme système. Aristote portera le fer sur ce point contre Platon en redonnant ses droits à l'action politique.

Une telle science du qualitatif existe-t-elle ? Elle pourrait exister au niveau du monde des idées articulées par le Bien, si le savoir de l'idée individuelle (celle du cheval, par exemple) devenait aussi celui de l'image de l'idée de cheval, de celui qui vit dans le monde sensible. Il faudrait alors que la science du qualitatif puisse expliquer intégralement ce qui existe selon le statut de l'image ou du sensible. Mais nous voyons bien que l'image, comme écart irréductible par rapport à l'idée pure ou comme déviance, est pour cette raison beaucoup plus, infiniment plus difficile à connaître que l'idée. D'une certaine manière, nous l'avons échappé belle ! Le sensible résiste « bêtement » à la science du qualitatif ! Il n'en reste pas moins vrai que celle-ci demeure le projet-modèle que seul le fouillis du sensible où s'empêtre plus ou moins l'action vient limiter dans ses prétentions.

D'un autre côté, si l'image, le sensible, le devenir ou l'événementiel opposent une résistance non surmontée au savoir qualitatif, il en résulte que tout ce qui relèvera de l'action et de la part d'improvisation qu'elle renferme sera en marge de cette science et pourra être évalué comme non pertinent, comme la poubelle de la théorie. Qui ne voit la solidarité très forte qui unit les thèses du communisme, de la communauté des femmes et celle du philosophe-roi ? Toutes concourent à réaliser le projet d'un *savoir qualitatif de la politique* qui seul pourrait résoudre enfin le mal et les malheurs qui l'accompagnent. Mais le prix à payer serait exorbitant, dans la mesure où cet ordre politique-là, construit sur le modèle de cette science, serait inhabitable pour les êtres humains. Serait-elle bonne ? Elle le serait du seul point de vue de l'idée de cette cité et du Bien. Mais le serait-elle du point de vue de son image engagée dans le cours du monde sensible et inscrite dans l'âme des hommes en chair et en os ? Cette cité-image sera toujours, pour qu'elle existe dans notre monde et dans notre histoire, un écart, une déviance, et les pratiques qui s'y feront contiendront toujours une part d'improvisation.

L'image ou la copie, rappelons-le, ne se soutient que de l'écart qui existe entre elle et son modèle, et cette infidélité nécessaire produit l'image comme texture de ressemblance et de dissemblance. Dans *Les Lois*, l'Étranger présente la relation entre la cité-idée et les cités-images de la manière suivante : la cité-idée comme tout qualitatif et comme objet d'un savoir exhaustif est nommée « cité du premier ordre ou du premier rang » ; aussi n'est-elle habitable que par des hommes-idées ou par des enfants directs des dieux ou encore par des animaux divins, dont le programme génétique est divin ou parfait. Cette cité-idée ou intégralement intelligible ne peut donc pas exister dans le monde sensible, celui du devenir, c'est-à-dire celui des images.

Celle qui existera dans ce monde sera une cité-image qui est appelée « cité du second rang » ; elle ne peut être que l'objet d'un savoir ou d'un *logos* qui est lui-même une image du savoir parfait. Cette cité entre dans le champ fort mouvant des ressemblances et des dissemblances dont l'épaisseur et le « fouillis » font que tout se complique. La dialectique comme science du qualitatif tend à s'y égarer. Plus la cité-image s'éloignera de la cité-idée, plus elle deviendra opaque et plus le savoir qu'on cherchera à en avoir se rapprochera de l'opinion, c'est-à-dire de discours lourds d'obscurité et de confusion : il s'agira alors de « cités du troisième rang, du quatrième rang », etc.

Du même coup, le philosophe-roi « en idée » n'existera que sous les formes de philosophes-rois « en image ». Plus on se rapproche du sensible ou de l'historique, plus l'image tend à faire oublier le modèle dont elle est la copie, jusqu'à ce que la cité-copie *apparaisse* comme émancipée vis-à-vis de son modèle. Tel sera le cas de la cité-simulacre ou de celle des sophistes, d'une cité devenue, en son fond, inintelligible, dont l'unité interne est introuvable puisqu'elle a disparu…

La République, à partir du livre V, semble bien s'installer au niveau de la cité-idée et du philosophe-roi « en idée ». Elle se situe donc, logiquement, au niveau d'une dialectique conçue, encore une fois, comme savoir du tout qualitatif qu'est cette cité. L'interprète se heurte alors à un sérieux problème : une telle cité, intelligible de part en part, ne peut qu'ignorer l'injustice, le mal et le malheur, et ce, dès le départ. Cette cité-idée n'unit que des hommes-idées, des âmes quasiment identiques à des idées. Or, *La République* n'avait-elle pas pour objet d'établir des rapports de justice entre des éléments qui, dès le départ, tendent à entretenir entre eux des rapports d'injustice ? En outre, l'accent qui est mis sur le savoir réintroduit l'équivalent d'une injustice, en privilégiant massivement le *noûs* par rapport aux autres parties de l'âme. Nous en revenons au « tout le pouvoir au savoir »...

Il y a manifestement dans ce dialogue une tension entre le thème de l'*unité interne* de la cité, thème qui met le savoir au premier plan, et celui de la *justice* de la cité qui intègre le savoir dans un ensemble harmonique de trois éléments. À dire vrai, cette tension se résorbe dans les livres V, VI et VII de *La République* au profit exclusif du savoir. La justice devient son objet. La science du qualitatif connaît quel type exact de rapport doit être établi entre les diverses parties de l'âme et entre celles de la cité, et l'homme politique armé de ce savoir doit être aussi en mesure d'acquérir la science des événements, des situations ou du *kaïros* ; bref, il peut disposer de ce qu'on appellera plus tard une « science de l'histoire », celle qui doit permettre de saisir l'articulation exacte de telle constellation d'événements à la décision à prendre.

La justice fonctionne, comme objet du savoir, comme une justice divine qui pourrait tout programmer. Socrate et ses interlocuteurs sont bel et bien sortis de la Caverne où se situaient encore les réformateurs et séjournent dans la région des idées, dans la lumière du Bien, la mesure qualitative par excellence, la *raison* qui rend compte de toutes choses et des relations entre toutes choses, relations qui ne peuvent être que justes ou comme il convient qu'elles soient. Affirmer que la justice dans la cité est identique à celle qui fonctionne dans l'individu est peu dire, car la cité est devenue un individu : « Ainsi, quand il arrive au doigt de l'un d'entre nous de recevoir un coup, la communauté du corps tout entier se comporte comme une caisse de résonance et la douleur ressentie au doigt se propage dans tous le corps [...]. De la même manière, toute affection positive ou négative qui touche telle ou telle partie de la cité ou tel ou tel citoyen retentit dans la totalité du corps des citoyens. » (*La République*, V, 462c.)

Cette cité-idée fait plutôt penser à une fratrie, à ces petites communautés pythagoriciennes où l'amitié devait exprimer des rapports purement mathématiques, que la pensée pouvait rendre transparents. Le Socrate déjà âgé de *La République* aurait-il oublié les remontrances que le vieux Parménide du dialogue qui porte son nom avait adressées au tout jeune Socrate ? « Si l'un de nous, disait Parménide, est le maître ou l'esclave de quelqu'un, ce n'est pas de l'idée de maître, du maître comme idée intelligible, et l'esclave n'est pas l'idée de l'esclave ; la relation de domination et celle de servitude ne sont pas non plus des relations purement intelligibles, des relations entre les seules idées. Du fait qu'un maître et un esclave sont des hommes, c'est avec des hommes que s'établit cette double relation [...]. Il en est de même pour le savoir qui prendrait pour objet la relation de domination et de servitude [...]. » Bref, au seul niveau des idées, tout se passe bien, on joue sur du velours. Nous avons vu resurgir une telle ambition à une époque récente : il y aurait une science des classes sociales, une science de la lutte des classes [...] et, corrélativement, une science de la « société bonne ».

Quels sont, en définitive, le sens et l'enjeu de la construction par Socrate de l'équivalent de l'idée divine ou intelligible de la cité ? Leo Strauss a proposé l'interprétation suivante : il s'agirait seulement d'une parodie d'unification de la cité dont l'excès d'unité, à l'échelle humaine, aurait pour effet de détruire la cité des hommes ; il s'agirait d'atteindre la limite contre laquelle viendrait buter cette même cité et contre laquelle elle se briserait. En allant dans le sens de cette interprétation, nous pouvons dire que Socrate et ses interlocuteurs doivent redescendre dans la Caverne, franchir la limite qui la sépare de la cité-idée et que l'homme politique et dialecticien doit y fabriquer les images qui ressembleront à cette cité. La *politeia* du philosophe-roi est une image ; mais en affirmant cela, Platon ne la dévalorise pas, ne la rend pas inconsistante. Elle participe de la cité intelligible, et l'écart inscrit dans cette participation fait qu'elle ne peut pas lui être identique. C'est le statut propre à l'image qui nous protège de cet excès d'unité, qui sert de garde-fou aux tentations toujours présentes chez les philosophes et chez les hommes politiques, fondateurs ou législateurs, de céder au mirage inquiétant de la société parfaite et au fantasme d'une science de la politique dont on dériverait des institutions politiques et sociales.

Que les lecteurs de *La République* se rassurent : Platon n'est pas une sorte de Pol Pot pythagoricien. Ce dialogue montre que les sociétés humaines peuvent ne pas être étrangères à la justice et à l'intelligence. Mais il fallait établir cette justice sur un socle indestructible et, pour ce faire, quitter pour un temps le sol mouvant des sociétés qui existent dans l'histoire. Sont rendues possibles et réalisables, si les situations s'y prêtent, les cités-images que construit l'activité démiurgique des hommes. L'écart qui les distingue de la justice parfaite interpose un écran protecteur contre les effets dévastateurs que cette justice produirait si, d'aventure, d'aucuns cherchaient à la réaliser dans notre monde. La prise en considération de cet écart tempère le savoir par la prudence (la *phronèsis*).

La cité, dans sa totalité, peut être comparée aux sections coniques que les géomètres grecs connaissent bien. Celles-ci désignent les courbes qui résultent des sections du même cône par des plans différents ; ces courbes prennent d'abord la forme d'une circonférence, puis d'une ellipse, d'une parabole, d'une hyperbole. La variation des plans fait varier la forme des courbes ; mais ces déformations sont régulières : l'Un ou l'ordre régule les variations. L'axe du cône figure la mesure divine ; son sommet, le philosophe-roi ou la pensée ; la circonférence désigne la communauté des gardiens ; l'ellipse, la communauté des citoyens-paysans-artisans.

Tout se joue sur la pensée dont la nature propre est d'être communautaire. La *koïnônia* est l'âme du *logos*. La première projection de cet « être communautaire » correspond aux gardiens. Ceux-ci, ne possédant rien au départ, ni leur corps ni leur pensée, ne s'appartiennent pas ; ils ne représentent qu'un « être commun » au sens le plus radical du terme, puisqu'ils n'ont *rien* à partager ou à mettre en commun. Le bien commun qu'ils sont n'est donc pas le leur. La communauté des citoyens-paysans-artisans enfin (l'ellipse, voire la parabole ou l'hyperbole) désigne une communauté, mais dont le bien commun est à produire, puisque chacun d'entre eux se définit au départ par sa force de travail ou par sa compétence propre dont il lui faut ensuite partager les effets : partager à parts plus ou moins égales le gâteau social de la manière la plus juste possible. Contrairement aux gardiens, les travailleurs ont quelque chose à partager. Cette classe représente donc l'ordre ou l'unité de la cité à un degré moindre que les gardiens. Ceci n'entraîne nullement que ces derniers exercent une domination sur cette classe, dans la mesure où c'est la même unité ou le même ordre qui se projette sur des plans différents.

Cette figuration géométrique, dira-t-on, est utopique. Mais elle a le mérite d'exposer clairement ce sur quoi la politique joue sa réalité : son unité et le partage juste de cette unité. Que toutes les cités existantes soient fort éloignées de ce « modèle » n'élimine pas, bien au contraire, la nécessité de la référence à cet enjeu.

CHAPITRE VI

Du régime-en-parole aux régimes décadents

L'articulation des livres VIII et IX de *La République* aux livres précédents pose problème ; de sorte qu'il faut interpréter. Socrate parle de la décadence de la cité juste, de son évolution, ou plutôt de son involution, vers des cités qui, à mesure qu'elles s'éloignent du « modèle », en deviennent les copies de plus en plus dissemblables. Le lecteur des livres VIII et IX a le sentiment que Platon, en décrivant et en analysant ces cités décadentes, est enfin redescendu sur terre ou dans les sociétés réelles, dans celles qui existent historiquement. Le lecteur est alors tenté de reprendre à son compte l'affirmation d'Alain selon laquelle « l'esprit platonicien se perd en utopies et en constitutions séparées du monde réel[1] » jusqu'au livre VIII de *La République*, mais qu'il retrouve enfin – après un long passage dans l'« éther de la pensée » – le monde des hommes.

Les interprétations de l'articulation cité juste/cités injustes sont porteuses d'un enjeu qu'il est possible de présenter sous la forme d'une alternative.

1. Alain, *Idées*, P. Hartmann, 1942.

Ou bien Platon change radicalement de terrain : il quitte celui de l'« utopie » pour celui des sociétés existantes. Mais, dans ce cas, on ne voit plus le lien qui unit la cité de la dialectique et les cités historiques.

Ou bien Platon fait dériver les cités existantes de la cité « idéale ». Mais, dans ce cas, on ne comprend pas comment des cités existantes procèdent d'une cité qui n'existe pas ou qui n'a jamais existé.

Dans les deux cas de figure, la séparation paraît bel et bien consommée entre la cité fictive élaborée par le philosophe et les cités historiques. La consécration de cette séparation par un certain nombre d'interprètes leur permet de faire une lecture rétroactive des livres précédant les livres VIII et IX. Cette séparation éclairerait tout ce qui a été écrit auparavant et éclairerait le sens de l'institution par Platon de la cité « idéale ». On prend prétexte de l'inexistence empirique de cette cité pour mieux affirmer : 1° qu'il y a une coupure entre la cité-en-parole et les cités historiques ; 2° qu'il y a, par conséquent, une coupure entre la philosophie et la politique. La fiction du philosophe-roi aurait été construite, dans un premier temps, pour effacer la tension qui existe entre philosophie et politique. Or, cette fiction est à la fois impossible et irréalisable. Donc cette fiction avoue son inanité ou son vide. Platon ne l'aurait élaborée que pour mieux montrer – au moyen d'une sorte d'argument par l'absurde – que philosophie et politique divergent l'une de l'autre « par nature ». Platon n'aurait construit qu'une parodie de leur rencontre pour mieux faire voir que les fins poursuivies par le philosophe sont étrangères aux fins poursuivies par les citoyens.

Il est aisé de remarquer que cette interprétation

fait de l'existence empirique le critère de la réalité et de la validité propres à l'entreprise de la dialectique. C'est un peu comme si on rejetait le critère du vide, en physique, sous prétexte qu'il n'existe pas de vide absolu dans la nature. Un personnage de *La République* – Adimante – fait de l'existence empirique de la cité-en-parole le critère qui seul permet de jauger sa réalité et sa validité. Adimante est obsédé par la réalisation historique de la cité juste. Il incarne l'homme de l'utopie, de l'idéalisme politique qui désire avec l'ardeur que l'on sait que cette cité règne sur la terre et que le mal soit définitivement vaincu. Socrate se serait-il fait mal comprendre de ce jeune homme qui a encore beaucoup à apprendre de la dialectique et de la vie politique[1] ?

Il y aurait un renversement dans l'ordre des critères. Pour Platon, l'existence empirique est beaucoup moins réelle que ce qu'élabore la dialectique. Sans celle-ci, on ne pourrait même pas parler des cités existantes faute, précisément, de véritables critères pour en parler. Avant d'examiner ce point, arrêtons-nous un moment sur la manière dont Socrate s'y prend pour affirmer que la cité juste a existé.

Il donne la parole aux Muses, imitant en cela Homère. Le récit mythique permet de faire jouer deux sortes de temps : le temps linéaire tout

1. Adimante est un personnage passionnant ; il ressemble à Enjolras, le jeune révolutionnaire des *Misérables* qui « n'est pas amoureux et trouve le moyen d'être intrépide ; froid comme la glace et hardi comme le feu ». Adimante a la passion de la justice. Au début de *La République*, il défend l'homme juste et solitaire contre la société ; par la suite, quand Socrate fonde la nouvelle cité, il défend avec la même ardeur la cité juste pure et dure.

d'abord ; l'histoire des dégradations successives de la cité juste s'ordonne selon un temps historique ; selon le temps mythique ensuite ; celui-ci pose un commencement premier de cette décadence, mais il le pose hors du temps historique. Nous avons une histoire racontée à partir d'un commencement historiquement inaccessible. Le discours des Muses permet de faire comme si la cité juste avait existé. Mais le recours au mythe – invérifiable – atteste que le problème de son existence ou de son inexistence est, à la limite, un faux problème.

Socrate (à partir de 543c) substitue au mot « cité » (*polis*) celui de « régime politique » (*politeia*). Le mot « cité » renvoie plutôt à quelque chose qui existe ; tandis que celui de « régime politique » renvoie à une notion qui est définissable en elle-même, indépendamment du fait qu'elle trouve sa vérification dans l'existence empirique et historique qui lui correspondrait. Il est en outre intéressant de constater que le mot « *politeia* » est le titre du dialogue traduit sous le nom de « république ». Ce terme n'apparaît qu'à la fin du livre IV ; et le fait qu'il remplace au début du livre VIII celui de « *polis* » est tout à fait significatif. Il est possible de dériver – d'une manière purement interne – les régimes défectueux du régime juste en se servant des critères qui définissent ce dernier, c'est-à-dire qui définissent le régime politique dans son concept. Il n'y a, pour Platon, qu'un seul concept de régime politique, qui permet de tester la réalité et la validité de ceux qui en sont les images dissemblantes. Platon met le principe de sa dégradation dans le concept de régime lui-même. Il s'agira donc d'un dérèglement interne et non d'un choc extérieur au régime. Les seules observations et descriptions des cités existantes ne peuvent permettre de découvrir le critère – le régime – qui les teste ; et ce d'autant plus que certaines sociétés existent en dehors de tout régime politique.

Le régime politique est élaboré par le dialecticien pour comprendre comment l'Un (ou l'unité d'une cité) est partageable et qu'il l'est selon la justice. Il renvoie à l'idée d'un ajointement d'éléments ou de fonctions dissemblables ou hétérogènes. Le lien politique est pensé sur le modèle du partage de l'Un. À partir de là, il s'agit de montrer que cet Un peut se disjoindre, se diviser, s'opposer à lui-même, se dédoubler en parties qui s'affrontent. L'effet de ce disjointement est que chaque partie s'identifie de manière fantasmatique à l'Un, qu'elle se représente cet Un de la cité comme indivisible, comme non partageable. Un groupe, une classe, prend tout le pouvoir, accapare l'unité de la cité. Le concept de régime doit rendre compte de ses déviations. Platon, cependant, ne nous dit pas pour quelle raison interne au concept celui-ci peut produire ces aberrations.

Le concept de régime permet d'autre part de concevoir la relation qui articule l'un à l'autre lien social et lien politique. Il existe, de ce point de vue, un point commun à la cité-en-parole et aux cités empiriques : ce qui incite, au départ, les hommes à s'associer, c'est le besoin, ou le fait que l'homme isolé ne peut pas se suffire à lui-même. Dès qu'il y a groupe social, il y a un bien commun pour ce groupe. Ce lien social est le fondement du lien politique. Lien social et lien politique ne sont pas indépendants. Mais le lien politique et lui seul est le mode supérieur d'expression de son fondement social; il est la vérité de son fondement. Cette expression ou explicitation supérieure a sa raison dans la pratique en commun du *logos* ou du discours dont la dialectique représente la forme la plus réfléchie. L'exercice du *logos* permet la saisie rationnelle des visées propres à chacun, à chaque groupe, à chaque classe, en les rapportant à la notion de bien commun politique.

Le bien commun social, s'il est indissociable de la division du travail, est incapable à lui seul de se poser comme un bien partageable : les riches comme les pauvres ne se représentent ce bien que comme leur bien propre. Le bien commun politique, quant à lui, est le bien partageable. Il n'est pas difficile de voir que le désir d'acquérir, qui mobilise autant les riches que les pauvres, porte sur un bien qui ne peut être partagé. Si la communauté politique était à l'image de ce non-partageable, autant dire qu'il n'y aurait pas de communauté politique. Dans l'hypothèse où le lien politique serait le lien social, le domaine politique (la lutte pour le pouvoir) deviendrait un lieu ou un cadre vide où s'affronteraient soit des individus, soit des classes sociales pour la prise de contrôle de la société.

La pratique en commun du discours permet de poser la question de ce qui est le meilleur pour la société : est-ce la richesse ? est-ce l'honneur ? est-ce la liberté individuelle ? Richesse, honneur, liberté individuelle suffisent-ils à fonder tel ou tel type de régime politique ? Ces questions quant à l'évaluation de ce qui vaut le mieux, les classes sociales et les individus ne la posent pas, parce qu'elle leur apparaît comme déjà résolue. Il y a une sorte d'inconscient de la société civile que seul le *logos* politique peut expliciter. Quand on reprend l'examen de la « structure » interne de la cité-en-parole, on voit avec netteté qu'à son sommet le philosophe-roi représente le bien commun qu'est la pensée ou la dialectique ; qu'en son milieu, les gardiens représentent l'Un de la cité qu'ils ne doivent à aucun prix s'approprier; qu'en sa base, enfin, le peuple des travailleurs représente un bien commun social mais devenu partageable selon la justice. Tel est le régime par excellence en tant qu'il indique la nature du problème politique. La *koïnônia* du *logos* irradie dans toute la cité. Le concept de régime éclaire donc bien les données du problème à résoudre autant que faire se peut.

On ne criera donc plus au « totalitarisme » quand Platon écrit : « Le dialecticien qui gouverne doit exercer son art en respectant ou non les lois, en respectant ou non les opinions des citoyens, que ces derniers soient riches ou pauvres ; il doit gouverner selon ce que gouverner veut dire. » (*Le Politique*, 291d-295e.) Il s'agit en effet de gouverner selon le bien commun politique en prenant le risque de s'opposer aux représentations qu'à un moment donné et dans telle situation particulière les citoyens s'en font. Le dialecticien gouverne comme devraient le faire les citoyens s'ils respectaient la part de citoyenneté réelle qui les constitue comme citoyens et qui correspond à l'unité interne ou au bien commun de la cité. Le philosophe ne se met pas à leur place ; il exerce et réveille leur propre citoyenneté. Si l'on éradique cette unité politique de base, il ne subsiste plus que domination et asservissement. (Voir *Les Lois*, V, 712e-713a et 746b-c.)

Une saga politico-familiale

Platon établit une typologie et une dynamique des régimes : l'*aristocratie* est le régime où les hommes compétents gouvernent et dont le principe moteur et directeur est la justice; la *timocratie* désigne celui où des guerriers qui ressemblent fort aux chevaliers de notre féodalité gouvernent et dont le principe est l'honneur; l'*oligarchie* est le régime où les plus riches gouvernent et dont le principe est le désir de gagner de l'argent; la *démocratie* désigne celui où fonctionne le gouvernement de chacun par chacun, ou, tout aussi bien, de personne par personne; son principe pose que tous les désirs individuels s'égalent; la *tyrannie* enfin est le régime où un seul homme gouverne et dont le principe est le désir du tyran.

Chaque régime se fonde sur un principe ou sur une valeur mère qui fonctionne comme critère hiérarchique. À cette hiérarchie des valeurs correspond une hiérarchie sociale (les riches l'emportent sur les pauvres, par exemple), et une hiérarchie politique (les riches gouvernent). Telle est la typologie. Ce qui est commun à tous ces régimes, hormis sans doute la tyrannie, c'est que la différenciation hiérarchique y est réglée par des lois. Ce qui, soit dit en passant, n'est déjà pas si mal : mieux vaut des lois médiocres que pas de lois du tout. Ces lois doivent exprimer adéquatement la hiérarchie du régime; or il arrive un moment où elles ne la reflètent plus, quand cette hiérarchie commence à se transformer en une inégalité privée de mesure. Quand l'inégalité dans la répartition des richesses se renforce d'une manière excessive, se forme une dynamique de lutte des classes qui va progressivement devenir le nouveau principe de changement du régime oligarchique. Les lois qui réglementaient la répartition des richesses deviennent inopérantes, parce que cette société connaît une phase d'enrichissement, de croissance économique, qui n'enrichit que les riches. Les gouvernants sont incapables de formuler de nouvelles lois qui réglementeraient cette croissance et surtout ses effets. Le désir d'égaliser cette nouvelle répartition des richesses va former le futur principe de la démocratie. Nous voyons grâce à cet exemple comment fonctionne la dynamique politique et sociale.

Au nom de la correspondance entre type de régime et type d'homme, quand un régime est en train de changer, chaque homme-citoyen se transforme lui-même. Au moment où le nouveau principe mine le principe ancien, chaque régime se dédouble comme se dédouble chaque citoyen, mais en deux principes antagonistes. La division sociale opère dans le régime et dans l'individu. Une cité se retrouve scindée en deux cités concurrentes et chaque citoyen en deux partisans opposés, celui de l'ancien régime et celui du nouveau à naître. Ce n'est pas tout. À chaque type de régime correspond un type d'éducation. Quand les lois ne sont plus adaptées à la situation nouvelle, les pères font preuve de la même incapacité dans l'éducation de leurs fils. Toute révolte contre le régime en place est simultanément révolte des fils contre leurs pères auxquels ils ne veulent plus ressembler. Quand les gouvernants ne savent plus gouverner, les pères ne savent plus tenir leurs enfants ! Les fils du philosophe-roi vont donner du fil à retordre à leur père !

La correspondance entre conflit politique et conflit de générations se lit fort bien dans le cas du régime et de la famille timocratiques. Le désir de s'enrichir (le futur principe oligarchique) travaille en sous-main le régime timocratique : le père et l'époux timocrate, plus habile à guerroyer qu'à gagner de l'argent, ne peut satisfaire le tout nouveau désir de luxe de son épouse. Celle-ci humilie son mari devant ses fils. L'échec du père bafoué va susciter simultanément ressentiment et désir de s'enrichir chez ses fils pour satisfaire le désir de luxe de leur mère. Nous voyons un fils divisé : il ressemble à son père par son désir de venger son honneur (ressentiment) ; il ressemble à sa mère par son désir de gagner de l'argent ; il est tiraillé entre deux principes, entre deux régimes.

Il apparaît que le principe de changement d'un régime est toujours interne. La priorité de la politique intérieure sur la politique extérieure est bien le signe, ou le symptôme, de l'unité interne qui organise un régime et de sa décomposition. D'autre part, la décomposition a son origine dans la classe des gouvernants, laquelle est censée exprimer l'unité du régime. Tout changement affecte d'abord le « haut » pour ensuite faire tache d'huile.

Cette saga politico-familiale qui affecte les classes dirigeantes prend toute sa saveur avec la formation du régime et de l'homme démocratiques. Ce dernier a été formé dans son enfance par un père oligarque. C'était un père travailleur, économe, triste, sec et allergique à la musique. C'est le vieux Thomas du roman de Thomas Mann *Les Buddenbrook*. Cet homme sans états d'âme ignorait les déchirements intérieurs tant il collait à son désir raisonnable du gain. Il faisait partie de la première génération des grands bourgeois qui orientait son désir du gain vers l'accumulation des richesses et non vers la dépense. L'accumulation des richesses était réglementée par des lois, ce qui limitait la paupérisation des gens démunis. La richesse était aussi comme la propriété d'une seule classe sociale qui, de la sorte, tenait bien les cordons de la bourse et empêchait la dilapidation.

Les premiers symptômes de déstabilisation du

régime apparaissent chez les fils de la première génération : ils ressemblent à leur père dont ils partagent la même valeur, son amour de la richesse ; mais ils commencent à s'y opposer en orientant ce désir vers la dépense. Ce sont des fils déchirés, à la fois mécontents de leur classe sociale et incapables de la quitter. Ils vont bientôt dilapider la fortune de leur père. L'argent et les biens commencent à quitter le navire ou cette classe sociale. La richesse devient disponible, non pas dans tout le corps social, mais pour un certain nombre de gens qui gravitent autour de la classe oligarchique. Des groupes de parasites, de « frelons » (écrit Platon), de « raiders » poussent les fils à la dilapidation des biens accumulés par la première génération, biens qu'ils acquièrent à bas prix et revendent d'une manière spéculative. La ruine des oligarques est proche. La richesse s'éparpille, échappe à toute législation, et les pauvres se paupérisent encore plus. La valeur oligarchique se dévalorise puisque épargne et dépense s'équivalent jusqu'à ce que la dépense finisse par l'emporter. Incapables, par manque de prudence politique – ils ignoraient la musique, l'art des justes proportions –, de réglementer par de nouvelles lois les dépenses excessives, les oligarques auront été leurs propres fossoyeurs.

L'homme démocratique mûrit. Il fait partie de la troisième génération. Certes, ce seront les pauvres qui bientôt prendront le pouvoir ; mais ils le prendront dans une société où l'on ne sait plus très bien qui, quelle classe sociale détient la richesse, comme si elle était devenue disponible pour tous ; et l'apparition des groupes informels de « frelons » est le symptôme d'une déstructuration de la société de classes. Ces nouveaux riches font croire que tout le monde peut s'enrichir. Le principe égalitaire fait son apparition sous cette forme. Mais il va produire des effets qui dépassent la sphère économique.

Il se produit un renversement des valeurs, de la valeur richesse comme principe hiérarchique. Le nouveau principe est égalitaire – et ce dans tous les domaines – duquel dérive la liberté pour chacun de faire ce qu'il désire faire ou ce qui lui plaît. L'égalisation des désirs et du droit de les satisfaire entraîne à son tour que tout, absolument tout, se vaut et donc peut s'échanger. Les pages écrites par Platon sur ce point sont célèbres : les fils valent leur père ; un désir en vaut un autre, celui du matin comme celui du soir ; une loi en vaut une autre, ce qui fait qu'on en change tout le temps ; obéir égale commander et faire la guerre équivaut à vivre en paix ; on change à volonté les mots et le sens des mots ; les hommes enfin se jugent à égalité avec les animaux. Dans cette société permissive, le désir de philosopher peut se satisfaire et les Socrates pulluler !

L'homme démocratique – à l'instar de son grand-père timocrate – n'a pas d'états d'âme ; il colle immédiatement à son désir actuel. Il ne se révolte pas contre sa classe sociale, puisqu'il n'y a plus de classes sociales. Dans un régime de cette sorte, qui n'en est pas vraiment un, tous les régimes se valent : on peut jouer au régime oligarchique, puis à un autre. Ce régime annule la notion même de régime. C'est la raison pour laquelle Platon écrit que « les gouvernants *ont l'air* de gouvernés et les gouvernés *ont l'air* de gouvernants » (562d). Tel est le portrait de la cité des cigales, où le désir de ne faire que ce qui plaît et de tout relativiser renvoie à un désir ardent de non-intégration sociale et politique. Que cette cité voie fleurir en son sein des vocations artistiques n'est pas pour étonner : c'est une cité d'artistes égocentriques, s'identifiant à leur art, insensibles à la présence d'autrui et inconscients de la réalité. (*Cf.* le fils violoniste des *Buddenbrook*.) Le seul désir de l'originalité anime ces « mangeurs de lotus », ces fleurs de l'oubli perpétuel de ce qu'on a fait l'instant précédent : toute-puissance de l'actuel et perte de tout point de repère.

La fête des mots qui ouvre le *Gorgias* s'est transportée sur la place publique dans une semblable atmosphère de jubilation. Nous retrouvons dans ce portrait de la démocratie les mêmes caractères que dans la sophistique : renversement de toute réalité dans son contraire dont l'effet est de neutraliser toute différence et toute hiérarchie. Il s'agit d'une cité-simulacre travaillée par une puissance de déréalisation.

Que ce portrait soit une parodie de la vie démocratique athénienne, la chose va de soi. Mais son intérêt et sa portée semblent bien se situer ailleurs. Platon a levé un lièvre qui, une fois lâché dans la nature, paraît lui échapper, échapper aux critères selon lesquels il pense la politique. La démocratie, telle qu'elle est examinée par lui, n'est pas du tout un régime comme les autres, au sens où elle ne se situe pas dans la continuité des changements de régime ; elle marque une rupture, un changement radical de plan. La démocratie indique le point limite de la décomposition de la vie économique et sociale, et aussi de la vie politique. Tous les points de repère sont dissous. Mais quel point de repère plus précisément ? Celui d'une *logique des classes*.

1° Celle-ci est le principe ou le moteur de chaque type de régime et celui de chaque changement de régime : la classe dirigeante est toujours la classe dominante sur les plans économique et social ; l'oligarchie en est le modèle typique ; la dynamique du changement correspond donc à une transformation socio-économique qui déplace la dominante. Dans cette logique, on pouvait s'attendre à ce que ce soit le *démos* ou le peuple en tant que nouvelle *classe* sociale qui détrône la classe des oligarques. Aristote, dans *La Politique*, suivra cette logique de classes. Or ce n'est pas du tout le cas ici. Ce qui se substitue au *démos* comme classe c'est une *atomisation* de la société en l'équivalent moderne d'individus dont chacun est libre par nature *(phusei éleuthéros)* ; cette nature libre est l'origine d'un désir illimité de rechercher les moyens de perpétuer et d'accroître cette même liberté individuelle. La référence à ce *phusei éleuthéros* fonde l'égalité et, du même coup, abolit l'inégalité propre à une logique de classes.

2° La notion de classe connote celle de solidarité propre à une classe et celle de lutte entre les classes pour la prise du pouvoir. Elle représente un point de repère et un critère qui permettent de s'orienter dans la vie politique ; elle fournit une base cohérente au type de régime qui existe. La démocratie supprime ce principe de cohésion au seul profit de ce qu'on pourrait déjà appeler un « individualisme possessif », au seul profit d'une « logique » d'égalité des individus. Privée de base sociale, l'existence même d'un pouvoir politique pose problème : qui va gouverner ? Dans le cadre de cette nouvelle logique, on ne peut plus dire : quelle classe sociale va gouverner ?

3° Quand il décrit la démocratie, Platon ne cesse de rappeler que celle-ci est née de l'oligarchie, c'est-à-dire, d'un régime fondé sur l'acquisition des richesses. L'oligarchie est le régime politico-économique par excellence, puisque pouvoir politique et activité économique y sont l'apanage d'une seule classe sociale. Sa dégénérescence laisse donc supposer que l'activité économique tend d'elle-même à atomiser la société, à séparer les hommes les uns des autres, à les rendre indépendants et concurrentiels, à défaire tout lien social. C'est ce que Platon laissait entendre quand il affirmait que le désir d'acquérir se répandait dans tout le corps social, s'y disséminait, pour y exister « à l'état libre », hors de toute limitation.

Si l'on admet que Platon a su repérer la percée de cette notion moderne d'individualité, qui vaut en soi, indépendamment de tout ordre, on peut aussi comprendre que, pour lui, l'individu détaché de toute référence à un ordre défini par la proportionnalité tombe hors de la politique. Il tente de penser cette pure extériorité, et à soi-même et aux autres, dans la démocratie et plus précisément dans sa forme extrême : l'*oklocratie*. *Oklos (turba, turbare)* désigne un agrégat d'individus, une multitude d'éléments disparates ; il signifie l'atomisation de la vie sociale et de la vie politique, voire celle de chaque individu qui se divise à l'infini en lui-même. Platon se sert de la notion d'égalité comme d'un facteur d'émiettement poussé à l'extrême, de dissolution de tout ce qui peut établir un lien : perte de tout critère, qu'il s'agisse du bien commun, fût-il apparent, des classes sociales et enfin des lois. Nous sommes projetés dans le Non-Un, dans la division à l'état libre ou sauvage. Le régime et la cité qui lui correspond implosent.

L'*oklocratie* se caractérise donc par la mise à l'écart de toutes les évaluations quant à ce qui vaut le mieux pour les citoyens ; elle se débarrasse de la question des légitimations, puisque tout se vaut. Chacun ne vise que la satisfaction de ses désirs ; et l'égalisation de tous les désirs conduit, par-delà l'apparence de l'originalité, à l'homogénéité du champ social. Celle-ci pointe vers ce que Hobbes appellera l'état naturel de l'homme ; celui de l'homogénéisation (à égalité) des désirs de chacun. Il n'est pas absurde d'affirmer que Platon ait cherché à penser la notion moderne d'individu dans son analyse de l'*oklocratie*. Ce serait bien la seule fois où il le fait. Il tente de mesurer l'immense difficulté qu'il y a à concilier cet individualisme radical et l'idée de citoyenneté. Il prend acte du fait irréversible qu'au besoin se substitue le désir illimité d'acquérir. Comment « loger » une loi ou l'équivalent d'un universel dans le désir individuel ? Comment affirmer qu'en poursuivant la satisfaction de son désir particulier l'individu vise, à son insu, un but qui est universel ? Rousseau comme Hegel, mais par des voies différentes, se feront les dents sur ce problème ! Il ne suffira pas d'être un partisan de la liberté individuelle, mais de prouver que cette liberté s'articule à un bien qui dépasse l'individu.

La naissance de l'individualisme est liée, pour Platon, au fait que le seul bien commun social ne peut jouer la fonction d'un principe de mise en commun des produits du travail social : on n'a besoin du travail des autres que pour mieux satisfaire son propre besoin. *A fortiori*, et à moins de supposer l'existence d'un principe autorégulateur et inconscient du social (la fameuse Main invisible d'Adam Smith), le problème du bien commun partageable devient insoluble quand au besoin se substitue le désir illimité d'acquérir qui, contradictoirement, se pose comme autosuffisant.

L'analyse de la démocratie comme *oklocratie* n'est pas du tout marginale, puisqu'elle représente la forme extrême de la dégradation du régime juste. Elle s'inscrit donc dans une logique de la continuité des régimes. Ceci montre, rétroactivement, que le régime juste n'est pas le régime parfait.

La construction de ce régime permet de mettre à plat les éléments du problème social et politique et de chercher s'il peut exister ou non une *mesure commune* – et non pas seulement un simulacre de mesure commune – entre des éléments disparates au départ. Platon, en bon mathématicien qui n'ignorait pas l'existence de grandeurs incommensurables, savait qu'il en existait aussi dans le domaine de la vie sociale et politique. Il faut rappeler que la première dissension interne au meilleur régime fut l'effet d'une erreur involontaire de la part des gouvernants. Des mariages à contretemps se sont produits. Les enfants de la deuxième génération ne veulent pas ressembler à leurs pères. On peut supposer que Platon met l'accent sur les difficultés rencontrées par les gouvernants dans l'exercice du pouvoir. Il montre les effets non intentionnels d'actes qui sont en eux-mêmes réfléchis. D'autre part, les gardiens du régime juste, dont le statut est d'exister sur le mode de l'« être en commun », sont à leur tour confrontés à une division interne. La sphère socio-économique se rabat sur la sphère politique qu'ils incarnent, puisqu'ils désirent s'enrichir. L'ardeur qu'ils portaient à la « chose publique » s'investit dans la « chose sociale » : ils défendent ardemment leur propriété par la force, par la guerre, par la colonisation. Le principe politique de la mesure commune se défaisant, il était logique que le monde des artisans, des cultivateurs et des commerçants partît lui-même à la dérive et que le désir illimité d'acquérir commençât son lent « travail » de décomposition.

Ce qu'on prend trop souvent, hélas, pour une conception organiciste de la société politique dans la construction du régime juste est, en réalité, la prise de conscience que dans la vie sociale et politique tout se tient, qu'une transformation dans un secteur retentit sur les autres, comme le montre la thèse platonicienne de la correspondance entre les régimes politiques et les hommes ; comme le montre, enfin, la thèse qui pose l'interdépendance de la vie sociale et de la vie politique.

Il faut donc considérer comme un ensemble cohérent le régime juste et les régimes injustes. C'est seulement dans cette perspective qu'apparaît nettement le projet platonicien : le projet philosophique qui consiste à montrer que la politique ne se réduit pas à l'empire des simulacres, aux figures multiples que prend la force pour apparaître et se dissimuler. Mais ce projet ne se donne jamais pour contenu l'idée ou plutôt l'utopie d'une rationalité politique et sociale. La politique n'est pas étrangère à la rationalité. Ce que signifie et signifie seulement le thème du philosophe-roi.

CHAPITRE VII

La sophistique

Le palais des Glaces

Les sophistes et les poètes sont les rivaux du dialecticien. Tous, en effet, ont en partage le *logos* dont ils prétendent chacun user comme il convient. Leur rivalité porte aussi sur la question de savoir qui, parmi eux, doit avoir la charge d'éduquer les citoyens. L'enjeu politique est donc au premier plan.

Les sophistes tels qu'ils apparaissent dans les dialogues sont des personnages de Platon qui « miment » les sophistes réels tels qu'ils ont existé dans les cités grecques. Mimer un sophiste est une opération périlleuse qui suppose que celui-ci ait une réalité que nos yeux puissent voir, nos oreilles entendre et dont il soit possible de parler. Or, selon Platon du moins, le sophiste est un illusionniste, un fabricant de simulacres ; le propre du simulacre consiste, rappelons-le, pour une image quelconque, à couper définitivement les ponts avec la chose dont elle est l'image et à s'établir pour son propre compte, à ne plus renvoyer qu'à elle-même. Qui plus est, et c'est là quelque chose de magique, le simulacre imite si bien la réalité qu'il a le pouvoir de se faire passer pour elle, sans pourtant en être le double. Le simulacre semble investi par une force qui contraint les hommes à y croire, par une force qui manque cruellement aux discours construits par le dialecticien qui en aurait tant besoin pour persuader les citoyens de leur justesse !

Quant au sophiste lui-même, serait-il une illusion ou le simulacre d'un modèle de sophiste mais d'un modèle qui n'existe pas ? Nous serions alors en présence d'un monde de simulacres qui n'aurait pas d'auteur, un peu comme nous pourrions parler d'une horloge sans l'horloger qui l'a fabriquée. C'est la raison pour laquelle, dans *Le Sophiste* notamment, ce dernier, de prime abord, se révèle introuvable : « Cet homme tient véritablement du prodige, car il se replie avec force habiletés dans un repaire qu'il est embarrassant d'explorer. » Il se dérobe à nos yeux en se confondant, écrit Platon, avec la nuit du *Non-Être*, c'est-à-dire de ce qui n'existe pas ou n'est pas. Quand il sort de son repaire, il se multiplie, s'éparpille, lui « le sophiste aux cent têtes » qui repoussent si on les coupe. Il est la figure évanescente, fuyante de ce qu'il y a d'énigmagique, de double et de redoublements de ce double dans la signification des mots et dans les choses mêmes. (*La République*, V, 479b-c.) Le philosophe dit : telle chose est ceci. Le sophiste dit : elle est en même temps cela et encore et toujours autre chose et le contraire d'elle-même. Qui plus est, les discours tenus sur les choses participent de ces dédoublements indéfinis propres aux choses : tout sens s'inverse en son contraire, multiplie à l'infini ses dédoublements et ses contrariétés.

Platon, indiscutablement, prend la chose au sérieux. Peut-être, après tout, en est-il ainsi, comme il se pourrait que le dialecticien soit dupe de lui-même et de son art. Aussi la première tâche de Platon est-elle de cerner le sophiste, le sujet supposé fabriquer des simulacres, avant d'examiner les simulacres en tant que tels. Ces hommes qui « font exister » ce qui n'existe pas ont-ils une réalité ? S'ils existent, que sont-ils ? La meilleure façon de les repérer est de savoir ce qu'ils font.

Socrate aimait jeter des pierres (bien réelles !) dans le jardin des sophistes. Ce qui se passe au début du *Gorgias* mérite d'être raconté. La fête des sophistes bat encore son plein. On imagine sans peine cette fête des mots où chacun partage avec chacun le seul plaisir de parler dans une sorte de jubilation oratoire et futile, mais sous la houlette, pourtant, d'un chef d'orchestre adulé qui n'est autre que le prestigieux Gorgias. Socrate arrive après la fête, car « il a passé beaucoup de temps sur l'Agora ». (Indication dépourvue de toute innocence.) Calliclès l'invite à poser au maître toutes les questions qu'il lui plaira. Une seule petite question tombe comme un couperet : « *Ostis estin ?* » ; il désire lui demander « ce qu'il est » ; ou, en d'autres termes, quel art il exerce. Est-il « cordonnier, médecin, etc. » ? Il n'est pas de question plus perverse que de demander à un sophiste de *se définir*, puisque, pour lui, il est impossible et inutile de définir quoi que ce soit, ce qui serait admettre que puisse exister et fonctionner une unicité de sens.

Socrate enfonce le clou. La fête des mots est bien finie (479b, 480c, 521e). Il propose d'« appliquer le fer et le feu » à ces flux verbaux dont les boursouflures le font penser à celles qui enflent certains corps malades et que le chirurgien peut espérer guérir par le fer et le feu. Le dialecticien use du scalpel pour découper dans la matière verbale chaotique l'équivalent de définitions, ou, du moins, pour l'assainir, tel le fameux tisserand qui nettoie préalablement la laine brute. Ce n'est pas encore de la dialectique qu'il s'agit ici mais d'une rhétorique saine dont la fonction est de persuader le malade que, pour guérir et vivre, il doit accepter une opération chirurgicale. Cette rhétorique s'oppose à l'autre, malsaine et complaisante, qui conforte le malade dans son aveuglement sur la gravité de son état et le persuade d'avoir recours à des parodies de médecine. Retour au réel, au corps, à la maladie et à la santé. Tout n'est pas « jeux de langage » quand il s'agit de sauver sa peau pendant une grave maladie. Que dire d'une cité qui affronte une guerre civile ou une guerre tout court ?...

La fête des mots ressemble à un palais des Glaces où, sur chacune d'entre elles, seraient écrits des mots et des phrases qui se refléteraient indéfiniment sur les autres glaces. Pour que ses propres paroles ne soient pas elles-mêmes prises dans ce jeu de miroirs, Socrate préfère détruire ce palais ; de la sorte les sophistes se retrouvent, pour ainsi dire, tout nus sur un terrain vague. Les discours que tient Socrate sur la relation qui existe entre la rhétorique et la réalité sont d'une sobriété désarmante : « être juste et non le paraître » ; « être amoureux et non le paraître » ; nous pourrions ajouter : « être réellement enceinte et non pas faire une grossesse nerveuse »... Dans le *Phèdre*, Socrate affirme que seul l'amant véritable peut être le « père des discours » qu'il adresse à son aimée. C'est l'amour qui féconde ses discours. On songe – *a contrario* – à Julien Sorel qui écrit des lettres d'amour à Mathilde de La Mole en recopiant des modèles de lettre écrits par quelqu'un d'autre. Les discours sophistiques simulent un amour inexistant, se substituent à lui sur fond de stérilité, fonctionnent telle l'illusion des amputés. La bonne rhétorique amoureuse implique, en revanche, que l'amant en soit réellement un.

Mais c'est à Xénophon que nous devons l'exemple le plus saisissant de la relation entre la rhétorique et la réalité. Il raconte, dans les *Mémorables*, l'histoire de Proxénos, un général disciple de Gorgias. Ses soldats tenaient pour creuses les belles exhortations à la discipline et au combat que Proxénos leur adressait. Ses troupes refusèrent de combattre. Un autre officier, qui aurait été un disciple de Socrate, sut, par la crainte qu'il inspirait et par sa maîtrise de l'art militaire, mener victorieusement ses troupes au combat. La guerre est une affaire trop sérieuse pour être confiée aux sophistes, qui n'ont aucun sens du réel. Il en est de même pour la cité en temps de paix. « Tu causes, tu causes, c'est tout ce que tu sais *faire* », comme dirait Raymond Queneau.

C'est donc l'art des sophistes qu'il faut cerner. Platon fait souvent référence à ce terme qui est lui-même solidaire de ceux de *phusis* (la nature) et de *nomos* (les mœurs et les lois). Cette « grille de lecture », qui distingue ce qui relève d'une production naturelle (non humaine) de ce qui relève d'une fabrication et enfin de ce qui relève d'accords ou de conventions passés entre les hommes, fut l'objet d'une vulgarisation de la part des sophistes. Son origine est, sans doute, à chercher dans la philosophie présocratique. Mais il est loin d'être certain que Platon la reprenne à son propre compte. Aussi est-il bon de s'arrêter un moment sur ce point. Dans le *Cratyle*, les interlocuteurs de Socrate (proches des sophistes) se demandent si le langage a une origine naturelle ou conventionnelle, si les noms possèdent une valeur de vérité « par nature » ou « par convention ». Dans le *Gorgias*, Calliclès oppose la nature et le droit naturel des plus forts au caractère conventionnel et arbitraire des lois politiques mises en place par les plus faibles et les plus démunis. Or, dans le cas du langage, la formulation de la question qui porte sur lui, en termes de « nature » et de « convention », est mauvaise, car il s'agit de savoir avec précision ce que signifie la « rectitude » *(orthotès)* des mots. Il faut définir cette notion et en distinguer les divers sens selon qu'on l'applique aux nombres, à une réalité singulière, à ses images. (*Cf.* la relation entre Cratyle et ses portraits.) De même, dans le domaine politique, la distinction *phusis/nomos* n'est pas pertinente : Calliclès affirme que « Polos traque la nature au nom des lois » ; en quoi il n'a pas tort ; mais il ajoute que Socrate « traque la loi au nom de la nature » ; en quoi il se trompe. C'est que pour Platon il est impossible d'établir une ligne de démarcation précise entre le purement naturel et le purement conventionnel, et par conséquent de se référer à une naturalité juste. Dans *Les Lois* (VII, 794d-795d), la différence naturelle entre la main droite et la main gauche est annulable et rendue réversible grâce à l'exercice. La nature à l'état brut est même dangereuse par ce qu'elle comporte d'indétermination et donc de risque d'impérialisme d'une qualité, d'un penchant unilatéral.

Platon ne fait jamais appel à une nature comme critère ou comme étalon

Nous ne trouvons aucune légitimation soit par la nature soit par la convention. Il est douteux de parler de « droit naturel ». À la constellation *phusis/nomos/technè* est substitué le critère de la « mesure », quantitative et qualitative. La question bien posée porte sur elle ; sur le bon et le mauvais usage de la mesure ; sur les simulacres de mesure. L'opposition, dans *Le Politique*, entre l'art politique du prince et les lois n'a rien à voir avec l'opposition *phusis/nomos*. Elle signifie seulement, ainsi que Platon l'écrit dans *Les Lois*, qu'il ne peut y avoir des lois pour tout et que, d'autre part, la fixité et la généralité indispensables des lois peuvent, dans certaines circonstances, paralyser la capacité d'initiative, de discernement et de décision des gouvernants (voir *Le Politique*, 294a et *Le Prince* de Machiavel sur la virtuosité du prince). Cette mise au point nous permet de suivre maintenant Platon dans cette « chasse au sophiste » qu'il s'agit de débusquer, en repérant quel type d'art il met en œuvre et, par conséquent, quelle sorte de « mesure » cet art utilise.

L'art du sophiste et le Non-Être absolu

Nous allons suivre l'itinéraire proposé dans *Le Sophiste*. Ce Non-Être, pris au sens absolu, désigne ce qui n'existe pas du tout, et cette absence totale d'existence concerne le sophiste lui-même. Dans sa version pure et dure, le sophiste ne se rattache à rien de réel. Il n'est donc pas, et de ce qui n'est pas on ne peut rien dire ni fabriquer d'image. « Ce qui n'est pas, est-il écrit dans l'*Euthydème* (286a), nul ne peut l'exprimer par un *logos* » ; ou encore, pour pouvoir parler de quelque chose, il faut que ce quelque chose existe. Ce sophiste « n'a même pas le semblant de ce à quoi il prétend ressembler » (*Le Sophiste*, 236b) ; car, pour qu'il y ait image, il faut un « modèle », une réalité. « Ce qui n'est pas réel, personne ne l'énonce ; car en produisant des mots, des phrases, on produit quelque chose ! Personne n'est donc capable de faire exister ce qui n'existe pas. » (*Euthydème*, 284c.) Le sophiste n'a même pas son lieu de séjour dans la Caverne peuplée d'ombres et d'images, mais dans le Non-Être. Le jeune Théétète, dans *Le Sophiste*, n'en croit pas ses yeux, lui qui se réfère encore « aux images qui se forment sur l'eau ou sur les miroirs » (239d). L'Étranger propose néanmoins le portrait du sophiste « aux cents têtes privées d'yeux et qui se rit d'entendre Théétète lui parler comme s'il voyait (lui le sophiste) des images dans un miroir ou sur l'eau ». Le sophiste ne sait même pas ce que veut dire le mot « simulacre », ni l'expression « faiseur de simulacres ». Un aveugle aveuglé par le rien, tel est le sophiste, inimaginable, ineffable, dont Platon ne peut pas fabriquer une image précisément.

Le seul problème pour Platon est de savoir pour quelles raisons les sophistes (et leur art) existent. Comme ils n'existent pas par génération spontanée ou par magie, il faut bien découvrir dans les choses et dans le discours ce qui rend compte de leur existence. Dans un premier temps, Platon pose l'hypothèse d'un Non-Être absolu, hypothèse qui pourrait permettre de saisir la raison de leur existence. On injecte du Non-Être absolu dans le réel et on en repère les effets. Toute réalité qui est ou existe à un moment donné bascule dans le néant au moment suivant sans aucune raison. Chaque chose est absolument et s'anéantit non moins absolument : présence absolue et absence absolue. Il y a une séparation totale entre son « être » et son « non-être ». Cette séparation fait que rien ne subsiste de la chose une fois qu'elle a disparu et qu'aucune relation ne peut relier ce qui n'existe plus à ce qui a existé. Ce Tout ou Rien exclut la formation ou la fabrication d'une illusion comme prolongement fantomatique de ce qui vient d'être anéanti. Le clivage est tel entre ce qui est et ce qui n'est pas pour chaque chose que le réel devient comme psychotique, puisque « vie » et « mort » sont refermées sur elles-mêmes et ne peuvent pas s'opposer.

Dans le cadre de cette hypothèse, il ne peut pas y avoir d'illusion, laquelle suppose que ce qui vient de disparaître puisse exister ensuite comme une apparence d'être. Il s'agit d'une réalité sans fantômes, sans images, clivée qu'elle est en deux sphères absolues. Autant dire que le sophiste n'a aucune chance d'exister. Peut-être faut-il voir ici une parodie du *Traité sur le Non-Être* écrit par Gorgias. Pour rendre compte de l'existence du sophiste, Platon va relativiser le Non-Être absolu, au sens où il va en faire une relation.

L'art du sophiste et le Non-Être relatif

Platon rend grâce aux sophistes de l'avoir « forcé d'accorder, contre son gré, que ce qui n'existe pas existe en quelque façon » et de reconnaître que « si l'Être est, le Non-Être est en quantité infinie ». (*Le Sophiste*, 256d-e.) Le fait que chaque chose puisse être ce qu'elle est et beaucoup d'autres choses qu'elle-même, le fait qu'elle change, n'impliquent pas qu'elle cesse d'exister. N'être pas ce qu'on est signifie qu'on est en relation avec d'autres choses, relation qu'exprime notamment le nom commun. Ce réseau de relations rend possible tout jugement d'attribution sur le plan du discours.

Encore faut-il que ces relations ne soient pas arbitraires, fluctuantes ; ou encore, que le mixte de réalité et d'irréalité ne soit pas un mélange sans règle ou sans norme, faute desquelles les choses et les discours que nous tenons sur elles seraient comparables à un flux ou à un devenir qui les entraîneraient dans ce que Platon appelle une « mobilité universelle ».

La deuxième hypothèse examine ce « relativisme » mais comme caractéristique des choses elles-mêmes. Il l'attribue, à tort ou à raison, à ce qui reste à l'époque de Platon de la théorie d'Héraclite. Celle-ci fait du langage une émanation directe du monde sensible, de sorte que le premier reflète ce mixte anarchique d'Être et de Non-Être propre au monde. La théorie d'Héraclite affirmait que le *logos* divin et commun se communiquait directement aux choses. Le sens leur était immanent. Platon fait dire au sophiste Dionysodore (*Euthydème*, 285e) : « À chaque chose appartient son *logos* qui l'exprime », comme si la chose se nommait elle-même. L'homme capte directement ce sens comme il respire l'air ambiant. Ce n'est pas l'homme qui parle ; il est parlé par ce langage du monde et les paroles humaines sont des émanations directes des choses. L'oreille l'emporte *(akouein)* sur le dire. Philosopher consiste donc à savoir se déboucher les oreilles. Le langage n'est pas du tout une invention des hommes ; qui plus est, l'âme humaine doit prendre le moins possible d'initiatives qui dresseraient un écran entre le monde et elle.

Qu'en est-il de la modalité d'être des choses ? Le *logos* qui leur est immanent se caractérise par la contrariété du sens. Les choses sont simultanément elles-mêmes et le contraire d'elles-mêmes. Leur sens est double. La contrariété inhérente aux *logoï* de chaque réalité se prolonge dans les discours humains. Le mot « arc » signifie en grec à la fois vie et mort ; le mot « miel », doux et amer. Dans *Le Sophiste*, Platon compare l'homme des doubles sens (le sophiste héraclitéen) à Euryclès, un ventriloque célèbre, dont la bouche profère tel sens et son ventre un sens contraire au premier ! Ce n'est donc pas le sophiste qui est l'auteur du « dit » et du « contredit ». Dans les « jeux de langage » du sophiste, dans les renversements incessants de chaque signification dans son contraire, du juste dans l'injuste, du fort dans le faible et *vice versa*, opère le jeu du monde. Tout est vrai et tout aussi bien faux, puisque les sens doubles émanent des choses. Tout est chose, d'une certaine manière, et l'âme humaine ne peut en décoller qu'à ses risques et périls.

Comme nous ignorons la relation qui devrait régler le jeu des contraires, ceux-ci ne peuvent que s'affronter en des joutes sans arbitre ou sans mesure. Les discours du sophiste ne sont que l'écho de ce conflit propre au monde et la force de ses discours est la force même des choses. Mais comment articuler cette théorie de l'immanence à la célèbre formule de Protagoras selon laquelle « l'homme est la mesure de toutes choses, la mesure de leur être et aussi de leur non-être » ? Elle semble bien poser l'homme comme l'origine des significations. Il introduirait, dans une réalité où tout sens se fait et se défait, un critère, une mesure qui permettrait de stabiliser ce flux et ce reflux. Quand il est question de « l'homme-mesure », Platon n'oppose pas à Protagoras sa propre théorie des idées et de la mesure divine ni sa théorie de l'âme, mais la conception héraclitéenne de la contrariété inhérente aux choses. Du même coup, toute réalité ne fait que la refléter à égalité : le porc-épic, le têtard, l'homme, etc. Aucun d'entre eux ne peut donc prétendre occuper une position privilégiée. Nul n'est la mesure des autres. L'héraclitéisme ruine l'anthropomorphisme.

Faisons un premier bilan : dans l'hypothèse du Non-Être absolu, le sophiste ne pouvait exister ; dans celle du non-être qui relativise tout, le sophiste existe certes, mais à l'instar de chaque être qui ne fait que répercuter le mélange non réglé et la lutte des sens contraires. En rattachant la sophistique à un héraclitéisme radicalisé et sauvage, Platon ouvre des perspectives nouvelles sur l'art du simulacre. Celui-ci est souvent présenté comme un pseudo-objet (*eïdolon*) qui fait écran entre le réel et nous, et sert d'échappatoire. Sa fabrication requiert l'exercice d'un art purement humain. Or ce n'est pas dans cette voie que Platon s'engage lorsqu'il lie la sophistique au « mobilisme » généralisé.

1° Il part, non de l'art, mais de la réalité. Le monde n'est que le jeu gratuit de ses contraires ; un jeu sans mesure et sans limite propres ; indifférent à toute réalisation comportant unité interne et stabilité. Le monde joue gratuitement avec lui-même, se met, tel un joueur, en jeu dans le seul but de jouer, et ainsi il montre son irréalité. Il est lui-même *eïdolon*. Par voie de conséquence, le monde est totalement indifférent à la vérité, à l'erreur et au Bien.

2° Les hommes, dont le sophiste est la figure exemplaire, participent de ce jeu anarchique du monde. Loin de prétendre organiser ce chaos en fabriquant un ordre, fût-il illusoire, le sophiste ne fait que refléter cette contrariété conflictuelle par une sorte d'harmonie imitative, par un jeu de miroirs entre le réel et lui, chacun se reflétant dans l'autre.

3° Mais il faut bien admettre que le sophiste se détache partiellement de ce flux pour pouvoir lui donner des figurations ; ses discours-simulacres à la fois épousent l'absence de mesure et de limite et lui confèrent des formes relativement cohérentes et stables. Le sophiste doit donc admettre qu'il a une âme qui échappe pour une part au chaos et que le *logos* existe avec sa syntaxe, sa grammaire, sans lesquelles il ne pourrait pas fabriquer une seule phrase. Seul le *logos* peut lui fournir la forme. Ce qui revient à reconnaître que le *logos* n'est pas celui des choses, mais qu'il est un intermédiaire entre le réel et l'homme, quelle que soit la conception qu'on se fait de la réalité. Tout va se jouer sur le statut du langage et des discours et sur celui de l'âme qui en fait divers usages.

4° Tant qu'on accepte la thèse de l'immanence du sens et du non-sens aux choses, le problème de la vérité et de l'erreur pour l'homme ne peut même pas se poser. Le jeu du monde et les imitations humaines de ce jeu gratuit sont *totalement indifférents au vrai et au faux*. C'est ce que Platon cherche à montrer dans un dialogue comme le *Théétète* : il rattache la thèse de l'immanence du sens à une théorie de la perception et de la non-perception. Une chose X se présente ou accède à la visibilité ; ensuite elle disparaît : alternances de présences et d'absences auxquelles correspondent des alternances de perceptions et de non-perceptions. Ces suites de présences et d'absences sont sans aucun lien (d'où l'impossibilité de la mémoire). L'homme ne peut dire que ce qu'il voit dans l'instant présent et ne peut que se taire quand la chose se dérobe à ses yeux. L'Être (comme on le dit de nos jours) tantôt se découvre, tantôt se dissimule ; il est, puis il n'est pas, selon un « rythme » (le mot est impropre) qui nous est inaccessible et fonctionne comme un destin. Nous sommes parlés dans la présence, rendus muets dans l'absence.

Le sophiste que Platon fait parler admet que l'Être existe, que le Non-Être existe ; il admet que la contrariété est dans les choses ; mais il n'admet pas la mise en relation entre présence et absence, car il lui faudrait reconnaître que ces mises en relation sont dues à l'usage que l'âme fait du *logos*, à ses risques et périls. Platon associe la thèse de l'immanence des significations du réel et la thèse de la perception ou de la vision directe de la réalité. Or il n'y a pas, pour lui, d'accès direct à un réel qui se montrerait non moins directement à nous selon une modalité qui nous échapperait. Rappelons-le, les idées ne nous sont accessibles que par le *logos* qui en participe et c'est l'âme qui en a l'usage en construisant des phrases, des raisonnements. Nul accomplissement en une vision directe ou en une perception directe au-delà du *logos* et par conséquent ineffable. Le *logos* ne peut pas fonctionner comme une perception. Il se situe sur un autre plan puisqu'il n'est pas dans les choses. Dans le cadre de la perception, les choses nous parlent ou ne nous parlent pas et la question de la vérité et de l'erreur ne peut pas se poser.

Ceci nous met sur la voie de l'ultime recherche de la possibilité du sophiste et de son art, telle qu'elle est menée dans le dernier tiers du *Sophiste*. Nous allons quitter le monde de la visibilité et de la non-visibilité pour celui du *logos* et de l'âme.

Le sophiste, la vérité et l'erreur

La hantise du sophiste, écrit Platon, c'est d'admettre l'erreur et la fausseté. Le risque de *se* tromper est son pire ennemi. Belle dénégation ! L'admettre serait pour lui reconnaître que les significations (ou leur absence) ne lui sont plus imposées par les choses (premier alibi) et que son âme est responsable de l'usage du *logos* (deuxième alibi). Or le sophiste se veut irresponsable au nom de son indifférence à la vérité et à l'erreur. Il se réclame d'une neutralité totale puisque tout se vaut et que le monde est ainsi fait.

Platon arrache le sophiste à l'héraclitéisme sauvage qui exclut erreur et vérité en le faisant entrer dans le *logos*. Il met en place ce qu'on pourrait appeler une théorie du jugement. C'est seulement sur la base de cette théorie qu'il est possible de montrer que l'erreur existe et que le sophiste, à son tour, n'existe que par la réalité de l'erreur ou de la fausseté. Dans le jugement, l'âme attribue un prédicat à un sujet : soit ce prédicat lui convient (jugement vrai), soit il ne lui convient pas (jugement faux). Tout prédicat désigne la part de chaque chose qui est différente (autre) de cette chose (noms communs). La fameuse copule – le verbe être – suppose que le « même » (telle chose singulière) et ses « autres » (noms communs) ne soient plus séparés, mais qu'ils puissent être liés, articulés ou entrelacés (la *sumplokè*) selon des règles, celles de la grammaire et celles de la logique. Ces règles permettent de discerner les prédicats compatibles et incompatibles avec tel sujet donné. Mais ces règles ne nous évitent pas le risque de l'erreur. L'âme se trompe dans son activité d'attribution car elle n'est pas dans le vrai et n'a aucune vision directe de l'articulation exacte du « même » et de l'« autre » qui définit chaque chose. La théorie du jugement est celle du Non-Être comme relation. Mais il revient à l'activité de l'âme de poser ces relations avec l'espérance que ses discours correspondent jusqu'à un certain point à la réalité (participation de l'âme au *logos* qui, à son tour, participe des idées).

« Il s'agit d'enchaîner le sophiste à l'existence de la fausseté. » (*Le Sophiste*, 264d.) L'art d'user de la fausseté suppose qu'elle existe. Cela signifie très concrètement que si le menteur ment c'est pour qu'on le croie ; que le faussaire ne peut être un faussaire de talent que s'il se réfère au vrai billet et en fabrique un qui passe pour vrai. Le menteur et le faussaire connaissent vérité et erreur. La fabrication de l'illusion joue sur le critère du vrai et du faux puisqu'elle fait passer le faux pour le vrai. Le simulacre ne joue la fonction d'écran entre le réel et les hommes qu'autant qu'il n'a été inventé que pour brouiller les cartes, pour tenter d'effacer la limite qui distingue vérité et fausseté ; mais il ne peut pas ne pas s'y référer. Le sophiste joue sur l'ambiguïté.

On pourrait reprocher à Platon d'« intellectualiser » l'illusion en la rapportant à une théorie de la vérité et de l'erreur. D'un autre côté, peut-on admettre que l'illusion est totalement indifférente à la vérité et à l'erreur, qu'elle se tient hors de portée de ce critère ? À moins, selon Platon, de retomber dans une conception de la réalité comme pur chaos. Mais encore faut-il alors rendre compte du fait que les hommes entretiennent avec lui un minimum d'écart sans lequel ils ne pourraient même pas fabriquer des simulacres d'ordres et de points de repère. Parodions la formule de

Nietzsche : « Heureusement, nous avons les simulacres pour ne pas périr de la vérité ! » (La vérité étant ici le chaos.) Mais quelle sorte d'activité permet de les fabriquer ?

Platon quant à lui se donne déjà le *logos* qui entretient une relation à la vérité. Admettre que le simulacre est neutre quant à la vérité et à la fausseté serait reconnaître que le *logos* « a un contraire », pour reprendre la formule de Michel Foucault, et que le réel est dénué de signification, ou encore que le réel est en définitive inaccessible au *logos*. C'est le critère du vrai et du faux qui deviendrait une illusion. Si tel est le cas, le sophiste qui incarne l'illusion devient inaccessible au *logos* mis en œuvre par Platon. La batterie de concepts tels ceux de l'Être, du Non-Être, absolu et relatif, ne peut couvrir le fait brut qu'il représente. Le sophiste existe, lui et son art, sur le mode de la « facticité » impénétrable, inconcevable. Le sophiste, quand bien même le voudrait-il, est incapable de parler de lui-même. Ce qui va tenir lieu de théorie, c'est un mythe, lequel vient souvent au secours d'une rationalisation défaillante ou mise à rude épreuve par tel ou tel secteur du réel. Platon prête à Protagoras un récit mythique qui contient l'équivalent du fondement de la sophistique.

Le mythe de Protagoras

L'espèce humaine ne doit son émergence, sa survie et son développement qu'à un dérèglement, à une défaillance de l'ordre cosmique dont la raison nous échappe. Il faudra, dans les Temps modernes, attendre Baudelaire pour que soit à nouveau révélé et dénoncé, sous le vocable de *modernité*, ce divorce irrémédiable entre l'homme et la création ;

et cet abîme ne cesse de nous fasciner et de nous perdre à la fois.

Le récit mythique de l'apparition fort aventureuse des hommes s'inscrit initialement dans une *théodicée.* Zeus travaille à la mise en place d'un ordre cosmique en se réglant sur un double principe de répartition et de compensation. Il s'agit d'établir une répartition des qualités positives entre les diverses sortes d'êtres qui existent : dieux, demi-dieux, hommes, espèces vivantes. Cette répartition est inégale : les dieux, par exemple, sont mieux dotés que d'autres êtres. Cette inégalité inévitable doit donc être soumise au principe de compensation. La déficience qui caractérise tel type d'êtres doit être compensée par un plus grand bien propre à tel autre type, pour que le système global du cosmos soit équilibré. Ce système englobe des sous-systèmes dont la plus ou moins grande pauvreté s'équilibre et se compense au niveau du tout.

Or, dans le grand ensemble cosmique que Zeus vise à établir, il y a un trou, une case ou un sous-ensemble vide : celui que devraient occuper les « races mortelles », végétaux, animaux, humains. Ceux-ci, notamment, sont exclus du plan divin, au sens où la théodicée ne les prend pas en charge. Le double principe de répartition et de compensation est totalement déréglé ; c'est ce qui explique pourquoi l'émergence et la formation de l'espèce humaine vont se faire au coup par coup, par une suite d'improvisations, et faire intervenir successivement les dieux, la Terre, Épiméthée, Prométhée, Hermès. On est loin du démiurge unique du *Timée* qui fabrique l'ordre du monde conformément au *logos* et à la *phronèsis*.

Dans cette case vide, les dieux façonnent à même la Terre, par mixage non réglé d'éléments matériels, les races mortelles. « Elles ne sont pas encore sorties de la Terre pour paraître à la lumière. » Ces races pourraient être comparées à des excroissances animées de la Terre, qui en émergent à peine, maçonnées en elle, de sorte qu'elles ne s'en détachent pas. Elles sont encore à l'état de larves sans identité bien définie. Les dieux se retirent et abandonnent ces races à la Terre. Survient Épiméthée. Il dispose – grâce aux dieux – d'un stock limité de *dunameis*, c'est-à-dire de qualités *naturelles* qui doivent permettre de doter ces races d'une nature déterminée. Ces *dunameis* représentent une ressource rare, quantitativement limitée ou non renouvelable. Épiméthée gaspille cette denrée rare et épuise le stock en manquant totalement au principe de répartition. L'espèce humaine a été oubliée et se trouve menacée de disparition.

Survient alors Prométhée. Il vole à Héphaïstos et à Athéna l'habileté technique. Cet art qui n'est pas assis sur une qualité naturelle paraît néanmoins obéir au principe de compensation à l'intérieur du sous-ensemble qu'occupent les races mortelles. Or il s'avère que l'invention du langage, des vêtements, des outils ne suffit pas du tout à assurer la survie des hommes, simultanément menacés par la puissance naturelle des animaux et par leurs propres dissensions. L'habileté technique ne compense pas la déficience naturelle de l'espèce humaine par rapport à la force des bêtes. Prométhée n'est guère plus intelligent que son frère. Il faut donc, tel un *deus ex machina*, qu'intervienne Zeus, *in extremis*, qui, par l'intermédiaire d'Hermès, fasse don aux hommes du sentiment de la *dikè* et de celui de l'*aïdos*. (La *dikè* est la justice des compensations ; elle permet d'évaluer l'étendue des dommages et de fixer le montant des réparations ;

l'*aïdos* désigne un sentiment social se manifestant dans le fait qu'on ne supporte pas la désapprobation d'autrui.) Grâce à ce don, les hommes inventent l'art politique, l'art de fabriquer des cités. Elles seules les protégeront efficacement contre les animaux.

Vol et don sont contre nature, puisqu'ils brisent le principe même d'un ordre cosmique. C'est bien parce que cet ordre n'a pas fonctionné pour les êtres humains qu'il a fallu faire appel à eux. Une fois la cité établie, se pose une nouvelle fois le problème de la répartition de ce don divin : faut-il le répartir à égalité entre tous les membres de la cité ? Il le sera entre tous pour préserver l'équilibre et la paix civils. Cette leçon d'égalitarisme serait digne d'admiration si une loi n'était pas immédiatement prescrite qui déclare que « tout homme incapable *(adunamenon)* de participer à la *dikè* et à l'*aïdos* doit être mis à mort comme un fléau de la cité ». Ce don n'a donc d'efficacité que par l'activité répressive de la cité ; il n'est pas un don effectif ; c'est la loi, inventée par les hommes, qui le rend efficace. C'est à la loi de décider qui est citoyen et qui ne l'est pas. Or la loi est une fiction que tous les citoyens ont besoin de partager pour survivre, à laquelle ils ont besoin de croire. Seule l'acceptation forcée par tous de la loi permet d'assurer à la cité sa cohésion, laquelle fait sa force. Toute défection l'affaiblirait et rendrait la cité plus vulnérable à l'adversité naturelle. L'animalité est devenue le nouvel ennemi ; elle est la figure de la nature comme puissance hostile et meurtrière. Seule la menace légale de mort peut équilibrer la menace naturelle de mort.

Comme on le voit, le principe cosmique de compensation est rétabli par une voie non plus naturelle, mais purement artificielle ou légale. Toute cité vit ou plutôt ne peut survivre que contre la nature. La loi noue une relation entre des vivants, établit entre eux une alliance dont la seule raison d'être est de les sauver de la destruction naturelle. Du même coup, ce qui sauve de la mort est porteur de violence, de puissance meurtrière contre ceux qui mettent en péril la survie de la cité. Belle démonstration de l'ambivalence de la loi. Il en est pour Protagoras de la loi comme de l'arc qui, simultanément, anime la flèche et tue.

Toute la conception sophistique de la vie politique repose sur la menace, mais aussi sur la déficience, sur la *rareté*. L'espèce humaine est déjà en elle-même une ressource rare. Mais le temps, surtout, est conçu comme une denrée qui ne se donne aux hommes qu'au goutte-à-goutte, leur fait la grâce, d'une manière imprévisible, de se prêter à leurs interventions. Ce temps, comme *kaïros*, comme moment opportun et fugitif, est à l'image de la précarité des cités, à celle du dérèglement du temps cosmique. La *praxis* à son tour, ne pouvant compter que sur ses propres forces, puisqu'elle est privée de tout point d'appui et de repère naturel, devient l'équivalent d'un activisme pur : l'homme n'est que son propre agir et il n'est pas en dehors de son acte ; seule sa *praxis* le fait être. Mais comme les effets de son agir ne peuvent avoir un quelconque fondement dans l'être, ils sont comparables à des images ou à des effigies du néant. Tout n'est qu'artifice et ruse pour conjurer les effets toujours dévastateurs d'une nature qui n'a pas « voulu » des hommes, contraints et forcés qu'ils sont d'édifier des murailles de simulacres pour s'en protéger.

Platon, imitant peut-être Zeus, a donné aux sophistes, en fabriquant ce mythe, le plus beau cadeau qui pouvait leur être fait. En écrivant un dialogue qui porte le nom de Protagoras, Platon réintègre le grand sophiste dans la cité, lui qu'Athènes avait chassé et dont elle avait fait brûler les écrits. C'est dans ce dialogue que Protagoras peut enfin dire ouvertement : « Je reconnais que je suis un sophiste et un éducateur d'hommes. »

Leo Strauss[1] a fort bien vu que le *Protagoras* a la démocratie pour objet et qu'il faut mettre en relation la partie mythique du dialogue avec sa partie non mythique ; ou encore, ce que dit Protagoras sous une forme mythique et ce qu'il dit sous la forme de discours non mythiques. Dans le mythe, le sophiste justifie le régime démocratique en affirmant que la justice politique, contrairement aux arts (des artisans), est partagée par tous les citoyens et qu'elle n'est donc pas un art et un savoir spécialisés. Tous les citoyens sont également aptes à délibérer sur les affaires publiques. Dans ses discours non mythiques, Protagoras soumet l'exercice réel de cette aptitude à des conditions qui en limitent de fait la portée.

1° La vertu politique doit être enseignée. Le sophiste prétend être le précepteur des citoyens. Cette condition tend à transformer l'aptitude égale pour tous à délibérer en l'équivalent d'une compétence politique analogue à celle des artisans, à celle de ceux qui ont un savoir spécialisé.

2° Pour pouvoir bénéficier de cette éducation politique, un citoyen doit payer le sophiste et le

1. In *Liberalism Ancient and Modern*, Basic Books, New York, 1968.

payer fort cher. Il est indiqué, au début du dialogue, que Protagoras est accueilli dans la maison de Callias – un citoyen extrêmement riche – en vue d'éduquer son fils. Socrate rappelle discrètement à Protagoras que le principe démocratique fait que tous les citoyens « riches ou pauvres » disposent d'un droit civique égal. Or seuls les riches peuvent payer l'éducation politique de leurs fils ; condition qui contredit au principe démocratique. Il faudrait alors que cette éducation fût gratuite, comme c'est le cas avec Socrate.

Platon met ainsi en valeur le fait qu'il y a une tension dans la démocratie entre le principe de ce régime et le principe oligarchique ; ou encore, entre la démocratie politique et ce que nous appelons aujourd'hui le libéralisme économique. Il en ressort deux conséquences.

1° L'exercice de la citoyenneté que rend possible la justice également distribuée exige une compétence ou un art politiques. Protagoras et Socrate divergent quant à la conception de cet art.

2° Les effets du principe oligarchique dans une démocratie doivent être contrebalancés par ceux que doit produire la représentation du bien commun. Nous reconnaissons là la raison d'être de la classe des gardiens dans la cité platonicienne.

Le *Protagoras* renvoie bien à l'examen de la démocratie tel qu'il est mené dans *La République* : celui d'une démocratie minée de l'intérieur par le principe oligarchique.

Mais il est surtout rendu manifeste que la vie démocratique est sans cesse confrontée à une double difficulté : comment concilier l'égalité politique et la compétence politique ? Comment concilier l'égalité politique et l'inégalité économique ? Cette double tension, sans doute insoluble, perpétue la vie démocratique et la menace quand la compétence se transforme en technocratie, et quand la seconde tension se renforce par la paupérisation des uns et l'enrichissement extrême des autres.

CHAPITRE VIII

Le problème d'Homère

S'il y eut pour Nietzsche un « problème de Socrate », il y eut pour Platon un « problème d'Homère ». Le grand mérite de Platon est d'avoir mis au jour l'existence d'un conflit, mieux, d'un différend entre l'art et la philosophie, d'avoir montré pourquoi il est inévitable. C'est la raison pour laquelle ce différend est mis à plat sous nos yeux de telle sorte qu'il nous est enfin possible d'en juger. Certes, ce qui, dans les dialogues, tend à brouiller les cartes tient au fait que les représentants des artistes et plus particulièrement des poètes font partie de confréries qui vouent un culte aveugle à l'œuvre d'Homère comme s'il s'agissait de l'œuvre d'un dieu vivant. Ces « fans » d'Homère qui pratiquent ce que Socrate appelle dans *Ion* l'*homérosophie* ne font que réciter l'*Iliade* et l'*Odyssée*, de sorte qu'aucun débat ne peut se mettre en place entre les poètes et les dialecticiens. Qui plus est, la relation qu'entretient l'œuvre homérique à la vie des cités grecques ne saurait être l'objet d'une discussion puisque Homère est considéré comme le grand poète national. Tous les petits enfants récitent son œuvre ; il s'est de la sorte formé une mémoire collective qui alimente un humus culturel. Le peuple grec est le peuple d'un livre qui joue la fonction d'un texte sacré. Dans ce texte, le divin est comme déjà écrit et les hommes ne peuvent en être que les commentateurs. Apèmantos, par exemple, dont Hippias est un des disciples, est considéré comme le critique littéraire attitré de l'œuvre d'Homère. Il examine le rapport des modes d'expression poétique et de la chose exprimée. Mais cette critique littéraire, aux yeux de Platon, fait elle-même partie du culte rendu à Homère. Socrate n'est-il pas « sous le charme », comme l'attestent les nombreuses citations de mémoire qu'il fait dans les dialogues ?

Casser l'*homérosophie* relève d'une sorte de sacrilège. Mais il ne s'agit là que d'escarmouches préliminaires, car l'essentiel est ailleurs. On ne peut pas dissocier, il est vrai, une œuvre artistique des effets qu'elle produit sur ses spectateurs et sur ses lecteurs. Platon lui-même tient compte de l'hétérogénéité de ces effets quand il rédige et compose les dialogues ; ce qui atteste qu'une œuvre philosophique ne peut être dissociée des diverses manières dont les lecteurs se représentent cette œuvre. Dans le cas d'Homère, telle cité, à telle époque, se rapporte d'une certaine façon à lui. La question est de savoir si ces multiples façons de se représenter une œuvre tiennent au contenu de l'œuvre, à sa forme littéraire, ou au caractère, à la situation sociale propres à chaque lecteur. Face aux admirateurs d'Homère, se dresse, par exemple dans *La République*, Adimante, figure du jeune puritain que l'œuvre d'Homère indigne et dont il dénonce les effets dévastateurs sur la jeunesse. « D'après ce que *tu* en dis *(kata ton son logon*[1]*)*, il

1. C'est Socrate qui parle.

faut chasser les poètes de notre cité. » Socrate tient ses distances. Les effets produits par la même œuvre sur des lecteurs différents sont hétérogènes : fascination chez les uns, aversion pour d'autres. Socrate, quant à lui, tente de calmer le jeu et d'amener son interlocuteur sur un tout autre terrain.

Que lui dit-il (*La République*, II) ? Nous ne sommes pas des poètes et nous n'avons pas à les imiter. Nous cherchons, par la voie du dialogue et de la dialectique, à fabriquer une fiction nouvelle, celle d'une cité. Autrement dit, nous revendiquons nous aussi le droit de forger une fiction politico-philosophique qui se distingue radicalement d'une fiction poétique et selon une méthode qui ne doive rien à l'art des poètes. Pour Socrate, l'expulsion d'Homère n'a pas d'autre sens. Pourtant, le conflit avec le poète est inévitable parce que poètes et philosophes ont quelque chose en commun. À l'instar des dialecticiens, les poètes ont recours au langage, au *logos* ; d'autre part, les uns et les autres prétendent parler de la réalité dans sa totalité : de la paix, de la guerre, des relations bonnes ou mauvaises entre les hommes, des rapports qu'entretiennent les dieux entre eux et avec les êtres humains (*Ion*) ; de l'administration des cités et de l'éducation des hommes (*La République*, X) ; des choses passées, présentes et à venir (*La République*, III) ; et Socrate de souligner dans le *Phèdre* (259d) que multiples sont non seulement nos raisons de parler des choses mais aussi nos manières d'en parler. Le cadre de « la joute et sa grandeur » (*La République*, X) est ainsi mis en place : le différend va porter sur les divers usages du *logos* et sur les diverses façons de parler de la réalité.

D'un autre côté, l'ouverture d'un débat entre poètes et dialecticiens n'est sans doute pas dénuée de perversité de la part du philosophe. Le poète acceptera-t-il ou non ce débat et quelles en seront les règles ? Qui va les poser ? Qu'adviendra-t-il de la poésie quand elle sera entrée dans le jeu de la dialectique ? Vers la fin de *La République*, Socrate et ses interlocuteurs prennent Homère par la main et lui font visiter la nouvelle fiction politico-philosophique. C'est bien l'unique fois où Homère, en personne, apparaît dans les dialogues de Platon. Nous ne saurons jamais ce que le poète en pense !

Le cadrage devient plus précis encore lorsque Socrate, dans *Ion*, demande : « Homère s'est-il bien exprimé ou non ? » Sur le seul plan littéraire, Socrate ne doute pas un seul instant que le poète se soit admirablement exprimé, qu'il ait inventé des modes d'expression qui relèvent du grand art. Mais le problème ne saurait se poser au seul niveau de la critique littéraire. C'est le recours à l'expression littéraire en lui-même qu'il s'agit d'interroger et de tester. C'est, du même coup, l'usage poétique du *logos* qui doit devenir l'objet du débat dans sa relation aux choses, du langage comme voie d'accès à elles. Il va sans dire que si usage poétique il y a, c'est que le *logos* et la réalité s'y prêtent. Nous voyons bien que le différend entre la poésie et la dialectique qui cherche à se fonder fait partie de l'interrogation que Platon, à la suite de Socrate, ne cesse de mener sur le langage, sur sa fonction médiatrice possible entre la réalité et nous ; sur ce langage au statut ambivalent qui, tel Janus, présente deux visages dissymétriques, ou tel encore Protée aux mille et une métamorphoses.

Ce n'est donc pas d'abord la poésie qui provoque la crise mais le *logos*. Quelle est la valeur de nos discours quand nous sommes pris par le langage qui, simultanément, nous permet de sortir du silence et se joue de nos arts, de nos agencements de mots et de phrases ? Ne l'oublions pas, les trois premiers dialogues écrits par Platon tournent autour de la poésie. Il s'était essayé à écrire des poèmes qu'il brûla ensuite quand il rencontra Socrate ; un Socrate dont il nous est dit qu'il aurait éprouvé la tentation de se taire par défiance vis-à-vis du langage. L'Étranger, dans *Le Sophiste*, pose la question préalable : « Il nous faut nous mettre d'accord sur ce qu'est le *logos*. » Puisque Homère n'apparaît pas sous la forme d'un personnage de Platon, comme y apparaît le grand Parménide, et que la référence au grand poète se réduit exclusivement à des citations apprises par cœur, faut-il en conclure que le poète demeure indifférent à la question du *logos* ? Le problème, en effet, est qu'il n'y a pas de débat. Nous en saisirons la raison un peu plus loin.

L'enjeu du différend qui oppose le poète et le dialecticien ne peut être, selon nous, mis au jour que si le philosophe platonicien ne cherche pas à quitter le monde sensible pour un autre monde non sensible, de sorte qu'il abandonnerait celui du devenir, du mal et du malheur aux seuls poètes et artistes. Si le philosophe peut toujours chercher refuge dans la lumière du soleil, on ne voit plus du tout pour quelle raison le conflit qui l'oppose au poète en est véritablement un. C'est bien sur le terrain du monde sensible que philosophe et poète se rencontrent et que s'opposent deux types d'art. On admettra, corrélativement, que le poète, loin d'être demeuré prisonnier dans la Caverne, en est sorti pour y retourner ensuite. Leur différend ne peut être réel que s'ils partagent la double expérience de la lumière et de l'ombre. Homère n'est pas un sophiste.

Nous supposerons donc que le futur poète et le futur philosophe ont quitté la Caverne et ont vu les choses dans leur réalité sous la lumière du soleil. Ils ont vu un lit bien réel, pour reprendre l'exemple didactique donné par Platon dans le livre X de *La République*. Le thème de l'inspiration divine chez le poète est lié à celui d'Éros. Philosophe et poète sont inspirés par la lumière. Quand ils reviennent dans la Caverne, l'un et l'autre éprouvent le désir ardent de produire quelque chose. Tout va se jouer à ce niveau. Posons les deux cas de figure suivants.

Premier cas de figure : le poète refuse de se laisser aveugler par la lumière, prend ses distances vis-à-vis de l'attrait du soleil et continue sa quête d'une plus grande vérité qui contiendrait et la lumière et l'ombre. Le philosophe, en revanche, n'étant plus préoccupé que de cette lumière, en viendrait à oublier la Caverne. Le poète pourrait reprocher au philosophe de n'être sensible qu'à l'attrait de la lumière qui, si elle envahissait la Caverne, détruirait les ombres ou le monde sensible. Le philosophe pourrait reprocher au poète de trop vouloir jouer la « carte » des ombres et d'être de plus en plus soumis à l'attrait du sensible. Oubli de la lumière pour l'un ; oubli de l'ombre pour l'autre. Deux sortes de fascination jouant l'une contre l'autre. En radicalisant, attrait du Bien d'un côté, attrait du mal de l'autre. Ce cas de figure ne serait juste que si, encore une fois, la seule quête du philosophe était de retrouver le monde de la transparence non sensible.

Second cas de figure : que le philosophe cherche à éclairer les ombres est indubitable ; que le poète cherche à obscurcir la lumière ne l'est pas moins. Mais ce qu'ils ont en commun c'est de faire accéder, dans la Caverne, les choses réelles à la visibilité. Tout dépend de l'usage que l'un et l'autre vont faire et de la lumière et du sensible. Pour le poète, la seule manière de faire voir ou de manifester la réalité non sensible c'est la forme esthétique. Pour le philosophe, nous le savons, c'est la dialectique. Le poète privilégie l'élément sensible du langage. La versification – mélodie, rythme, mètre, assonance – exploite la matière sonore du *logos*. Le poète ne vise à ordonner le langage que selon la beauté sensible du vers. Le réel ne s'y manifeste que dans et par cette transfiguration du langage.

Mais, pour Platon, le réel qui est ainsi poétiquement manifesté n'est pas que le réel sensible ; et l'art poétique n'a pas seulement ses assises dans le monde sensible mais aussi dans le monde non sensible. Ce que Platon va reprocher au poète c'est précisément de jouer admirablement sur les deux tableaux. Il ne faut pas surestimer la thèse platonicienne qui affirme que la forme esthétique tend à devenir autonome, à faire écran et, par conséquent, à éloigner d'elle les choses dont le poème prétend parler ; bref, que la versification devient une fin en soi, fuit la réalité et finit par perdre tout point d'appui. Or cette critique n'est légitime que si elle dénonce l'excès de versification qui a pour effet de poser la forme poétique comme un monde à part, de sorte que plus cette forme s'enrichit de rythmes, de mètres par exemple, par épuration des éléments non poétiques du langage, et plus elle appauvrit le réel qu'elle est censée exprimer[1]. On reconnaît là le thème selon lequel l'art éloigne de la réalité.

1. Voir sur ce point : Witold Gombrowicz, *Contre les poètes* (Complexe, 1988), sur l'excès de poésie et sur la versification comme exercice à vide.

Mais un tel reproche peut-il être adressé à Homère ? Peut-on affirmer que sa versification rétrécit la réalité qu'elle exprime ? Si tel était le cas, la critique de Platon serait-elle crédible ? N'est-ce pas plutôt parce que, parfois, la forme esthétique fait mouche sur le réel qu'il y a un problème pour Platon ? Le philosophe, dans la Caverne, a un rôle plutôt ingrat ; il tente laborieusement de faire naître les hommes à la parole, aux paroles qu'ils échangent et s'opposent en vue de parler de la réalité. Le poète, le grand poète, quant à lui, est un enfant béni des dieux, car ce qui caractérise le poème c'est son *évidence.* L'œuvre poétique, aveuglée qu'elle est par son évidence, fait qu'il y a un arrêt, qu'elle n'est pas un échange, qu'elle est indiscutable, qu'elle fonctionne comme la grâce divine. Elle est a-dialogique, et le poète aveugle, selon la légende, comme s'il ne s'adressait qu'à lui-même, est en deçà de tout dialogue. De la sorte, un poème, pour Platon, n'est pas à proprement parler un discours, lequel suppose un échange de paroles. Loin d'être le prisonnier de la Caverne, le poète est plutôt celui de l'évidence de son œuvre. Dans certains vers, le non-sensible et le sensible fusionnent comme beauté poétique. Seulement, de l'œuvre artistique il n'y a rien à dire. Elle s'impose par elle-même. Elle n'est pas « extatique » au sens où elle n'est pas un appel vers un au-delà d'elle. Elle referme le monde et nous-mêmes sur elle seule. L'art ne nous rendrait pas prisonniers du sensible, mais prisonniers de l'œuvre. La beauté naturelle, tout au contraire, faisant affleurer le non-sensible à la surface du sensible, est un appel à la dépasser, à ne pas se laisser capter par elle.

La critique platonicienne porte sur l'évidence, sur l'œuvre d'art comme évidence qui se suffit à elle-même. Le sensible se voit ainsi exalté, promu au niveau du non-sensible, c'est-à-dire de l'indépendance, de la suffisance à soi-même. L'œuvre d'art est devenue une Idée, au sens platonicien du terme. Mais cette Idée, loin de rendre le dialogue possible, lui substitue charme et attrait. Cette sorte de « monoïdéisme » de l'œuvre d'art devient un obstacle au travail laborieux de la dialectique.

Le grand poète serait cet homme privilégié qui réussirait à faire descendre la lumière dans l'ombre et à élever l'ombre à la lumière. L'œuvre poétique réaliserait l'harmonie achevée du sensible et du non-sensible. Elle pourrait alors se poser comme autosuffisante et, par voie de conséquence, asseoir son droit à l'autonomie. Celle-ci deviendrait le modèle d'une vie humaine autonome ou du vivre artistiquement ou poétiquement. Loin d'être les valets d'une cité, de sa culture, du pouvoir politique – opinion que partagent aveuglément les admirateurs d'Homère –, le poète et son œuvre sont libres ou autonomes vis-à-vis de toute société. Ils peuvent échapper aux tentatives d'annexion et de récupération de la part des pouvoirs en place. La critique de fond menée par Platon va porter sur cette revendication du poète et de son œuvre à l'autonomie.

Cette critique, encore une fois, ne peut avoir cette prétention à l'autonomie pour objet que si le grand poète n'est pas un imitateur d'imitateur. Dans le cadre de l'exemple des « trois lits », il n'imite pas le lit fabriqué par l'artisan, mais il a une expérience de première main du lit réel. De la même manière, le poète a une expérience de première main de tout ce dont il parle : guerre et paix ; relation des hommes au divin ; passions, vices et vertus, etc. Il n'imite donc pas les opinions qui courent sur ces réalités et qui les déforment. Si tel était le cas, le poète serait une espèce du genre « sophiste », ce que Platon exclut. C'est bel et bien parce que la poésie s'intéresse à la vérité qu'il peut y avoir un différend qui l'oppose à la dialectique. Il n'y a, en revanche, aucun différend qui l'oppose à la sophistique, puisque celle-ci est indifférente à la vérité et à l'erreur.

Qu'est-ce qui fait naître l'illusion de cette prétention à l'autonomie ? La réponse est sans équivoque : la naïveté du poète vis-à-vis du *logos*. Il suffirait de créer un style admirable, d'ordonner le langage selon la beauté du vers, pour que soit levée l'ambivalence, l'ambiguïté du *logos* humain. Ce n'est là, pour Platon, qu'un colmatage, voire un exorcisme. L'expression poétique n'est, à la limite, qu'un saupoudrage qui en reste à la surface du langage. Le poète accepte le langage tel qu'il est ; il en exploite toutes les potentialités sonores, à partir desquelles il fabrique des formes d'expression. L'ambiguïté du langage le sert. Il le transfigure. Il ne cherche pas à le réformer. Il en résulte que, quelle que soit la virtuosité de son art, le poète est mené par le langage qui se joue de lui et de ses œuvres à son insu. L'ambition du dialecticien est de mettre le langage à l'épreuve « par le fer et par le feu » *(Gorgias)*, de faire glisser un couteau en épousant ses articulations pour tenter de débusquer la racine de ses ruses qui rendent dupes les poètes les plus ingénieux. Le dialecticien n'accepte donc pas le langage tel qu'il est.

Le but de cette démiurgie dialectique est de le purifier, non pas d'une manière religieuse ou poétique, mais en y introduisant la rectitude (l'*orthotès*), la mesure. Il éclaire de la lumière du Bien le *logos* humain qui draine avec lui les ombres de la

Caverne. L'accès du langage à l'*épistémè* doit permettre jusqu'à un certain point de neutraliser son ambivalence, les jeux de la ressemblance et de la dissemblance. Telle est la raison d'être du dialogue mené dialectiquement. Que les hommes prennent leur langage en main et l'amènent dans l'élément de la vérité.

À la prétendue autonomie du poète Platon oppose-t-il l'autonomie réelle du philosophe et de la vie philosophique ? Il ne s'agit nullement pour Platon d'exclure la poésie, mais d'instituer un ordre hiérarchique entre elle et la philosophie. La question radicale concerne l'autonomie ou non de la vie philosophique. Cette autonomie ne serait réelle que si le philosophe-démiurge pouvait recréer le langage, fabriquer de toutes pièces un nouveau monde de signes ou mieux de symboles transparents qui reproduiraient adéquatement la structure intelligible des choses. Sa démiurgie constituerait un vaste système de propositions logiques qui serait en même temps la logique de l'Être lui-même. Le commencement de la logique serait logique. Or, nous savons bien que Platon n'a jamais prétendu recréer le *logos*. Sa réforme du langage présuppose le langage, de sorte que l'entreprise dialectique butera toujours sur quelque chose d'irréductible à toute analyse logique. La rationalisation intégrale du discours humain est impossible. Ou bien, pour qu'elle le soit, il faudrait que le langage soit une émanation directe du monde non sensible. Ce que Platon ne cesse de récuser.

Bref, si le travail de la dialectique permet de viser à une vie autonome, il ne s'accomplit jamais en une telle vie. Seule la vision directe, mais alors ineffable, des réalités dans leur transparence pourrait fonder une telle autonomie. Nous rencontrons ici, une nouvelle fois, la question du statut du philosophe platonicien : il n'y a pas, chez Platon, l'équivalent de la *béatitude* spinoziste à laquelle ne peuvent prétendre que les sages. L'âme du dialecticien « ne s'épanouit pas en Amour divin ou Béatitude » (*Éthique*, dernière proposition et scolie). Platon, et c'est le moins que l'on puisse dire, ne nous dit rien de la vie du « sage » hors de la Caverne. Il est donc imprudent d'affirmer que la vie philosophique est la vie autonome. Mais elle est supérieure à la vie poétique parce qu'elle interroge et teste le langage et que, d'autre part, elle fait du *logos* réformé le fondement de la vie communautaire.

Le deuxième volet de la critique platonicienne concerne *la poésie dans ses effets*. Il prend souvent la forme d'une dénonciation du côté mystificateur de la poésie : celle-ci pervertit les mœurs ; forme de mauvais citoyens parce qu'elle raconte des mensonges. Partant en outre du constat que la poésie ne peut être supprimée, il est plus que suggéré que de nouveaux poètes doivent être formés, devenir les chantres de la cité du philosophe-roi et mettre leur art au service de la nouvelle vertu civique. Il semblerait que le philosophe gagne sur tous les plans ; après avoir rallié à lui l'homme politique, ne serait-ce pas au tour du poète de devenir son auxiliaire ?

Le point de départ de la démarche platonicienne est la méfiance vis-à-vis du langage. Nul discours n'est innocent. Parler c'est agir (l'*ergon* du *logos*), est-il souvent rappelé dans les dialogues. Toute parole a des effets sur les âmes et sur les peuples. Toute parole peut se transformer en art de conduire les âmes et les peuples. L'examen de la sophistique aura été éclairant sur ce point. Le discours philosophique ne saurait lui-même échapper à cette loi. Aussi la question centrale porte-t-elle sur le mensonge. Puisque le langage ne contient pas en lui-même la vérité et que nous ne pouvons pas en faire l'économie, la hantise du mensonge *involontaire* devient un tourment, tourment que Platon aimerait voir partagé par le poète. Il est aisé et presque banal d'affirmer que seul celui qui sait le vrai peut sciemment dire le faux (voir *Hippias Second*). Encore faut-il être assuré qu'on connaît le vrai et qu'on a, pour ce faire, résolu le problème du langage. Le pire n'est pas de dire le faux en connaissance de cause, mais de dire tantôt le vrai, tantôt le faux, par hasard, parce que celui qui parle subit à son insu les effets pervers du langage. L'entrecroisement, au départ mystérieux, du fil de la ressemblance et du fil de la dissemblance fait que le langage se retourne contre ses utilisateurs d'une manière insidieuse et donne naissance à des illusions involontaires, imprévisibles et par conséquent non maîtrisables.

Admettons que la poésie soit mensongère. L'est-elle volontairement ou involontairement ? Ce que Platon reproche au poète est de demeurer indifférent à cette question, lui qui prétend dire ce qui est comme dans le cas d'Homère. La mise en forme esthétique, loin de résoudre ce problème, le cache à l'insu du poète. L'œuvre poétique éloigne de la réalité au sens où elle le fait involontairement. Les effets de ce jeu de dupes sont considérables sur le plan de la vie sociale et politique. La métamorphose en beauté artistique des qualités et des défauts d'un peuple, de ses moments de bonheur et de malheur, produit l'équivalent d'un autoportrait de ce peuple racheté par l'art. Homère, Dante, Cervantès, Shakespeare : des peuples se sont reconnus dans leurs œuvres ; bien plus, celles-ci ont fortement contribué à fabriquer l'âme de chacun d'entre eux. Quand il examine les effets de la poésie sur les peuples, Platon est en train de mettre en place la notion de *Volksgeist* (la philosophie de l'histoire en moins). Que le poète l'ait voulu ou non, son œuvre joue le rôle d'un autoportrait dans lequel un peuple se reconnaît immédiatement et sans réflexion, dans lequel il se donne une image de lui-même et dont la charge émotionnelle joue un rôle essentiel.

Une œuvre poétique peut être sans complaisance vis-à-vis de tel peuple (voir Cervantès et Shakespeare) ; mais cela ne change rien quant au fond. L'œuvre d'Homère, pour Platon, a largement contribué au culte que le peuple grec voue à la beauté artistique, laquelle exprimerait l'esprit de ce peuple : le mythe du peuple artiste, celui du peuple harmonieux que la seule beauté sauve et rachète dans ses dissensions et dans ses actes injustes. Le mythe de la beauté de l'âme grecque fait croire que l'harmonie, conçue sur le modèle de l'œuvre d'art, finit toujours par triompher et c'est dans la représentation de sa belle unité que ce peuple, même dans les moments les plus sombres de son histoire, retrouve confiance et se croit l'élu des dieux. Enlevez cette fascination de la beauté et de l'harmonie artistiques et plus dure sera la chute, aurait pu écrire Platon. L'image esthétique qu'un peuple se fait de lui-même en s'identifiant à l'œuvre d'un grand poète remplit la fonction d'un écran (*eïdolon*) entre ce peuple et lui-même.

Ce n'est pas par un idéal artistique qu'une cité peut légitimement se représenter sa réalité et son unité. Le vœu de Platon sera qu'au moins le discours philosophique sur la vie politique ne joue pas précisément le rôle d'un écran ; et son éloge d'une beauté qui ne doit rien à l'art revient à libérer la beauté de l'imaginaire des peuples et de tous les processus d'identification. Si, dans cette perspective, la beauté poétique est la cible de Platon, c'est parce qu'elle ne peut être le critère grâce auquel une cité ou un régime politique peuvent se voir. Le nouveau critère sera celui du juste et celui du Bien. Le philosophe devient, à la place du poète, le nouveau personnage dans lequel la société est conviée à rechercher son identité et à se remettre en question parce qu'il lui tient un discours public et vérifiable sur elle à la lumière de ces nouveaux points de repère. La fiction politico-philosophique se substitue à la fiction poétique ; elle devient une sorte de milieu optique dans lequel passe la cité et où elle accède à une visibilité inhabituelle : elle s'y voit telle qu'elle est et telle qu'elle devrait être. Platon est très certainement le premier à avoir mis en cause le futur et célèbre « miracle grec ». « L'harmonie parfaite entre la beauté, la raison et le sens divin » que célébrera Renan est sérieusement contestée par Platon quand elle sert d'idéal et d'alibi. Elle ne sauve pas les cités du mal et du malheur, pas plus qu'elle ne peut les éclairer sur elles-mêmes.

La critique de l'imaginaire poético-social invite à découvrir la raison pour laquelle il existe et tend à se reconstituer sans cesse. Quelque chose fait qu'un peuple a besoin d'un mensonge involontaire auquel une grande œuvre poétique donne la forme d'une mythologie populaire. À son insu, Homère a été considéré par ses compatriotes comme une émanation du peuple grec. L'œuvre homérique est devenue le monument poétique qui a créé ce peuple comme héros esthétique.

Mettons en regard ces deux citations : « [Un peuple] a recours à la mythologie quand il ignore comment se sont véritablement passés les événements de son passé lointain et cette fausseté mythologique doit paraître le plus vraie possible. » Et : « On n'accordera pas confiance aux poètes qui amplifient les événements, qui, plus pour charmer les oreilles que pour servir la vérité, rassemblent des faits au-delà de toute vérification et pour cette raison en font un récit incroyable et merveilleux. » La première citation est de Platon, dans *La République* (II, 382d) ; la seconde est de Thucydide, dans l'*Histoire de la guerre du Péloponnèse* (livre I, chapitre XXI). Même constat : tant qu'un peuple est incapable d'écrire sa propre histoire, il ne peut se représenter que dans un mythe. Même critique : cette « histoire monumentale » fonctionne comme un miroir déformant et grossissant qui donne naissance à un narcissisme collectif, à un *eïdolon* héroïque et esthétique. Platon aménage le lieu qu'occupe Thucydide. L'histoire y est posée comme l'étape nécessaire de la démystification de l'institution imaginaire d'un peuple, de cette utopie de lui-même.

Mais il n'y a pas de fumée sans feu. La fausseté involontaire est l'indice d'une caractéristique réelle propre à chaque peuple. Elle n'est autre que celle de l'identité sociale ou collective d'un peuple, identité qui ne peut être que particulière, celle de tel peuple et non de tel autre. Grâce à l'existence de la fausseté involontaire, est mise au jour la *limite* qu'aucune cité, y compris celle du philosophe-roi, ne pourra dépasser. Toute la fin du livre II de *La République* développe ce point. Le projet de fondation d'une cité par un langage que l'exercice de la dialectique épure ne peut pas éliminer la réalité des mœurs liée à une culture particulière. Ce projet, porteur d'un message universel, avoue son impuissance à fonder des institutions politiques qui effaceraient la division du genre humain en peuples particuliers. Telle est la raison qui justifie le « noble mensonge », fabriqué en connaissance de cause et qui passera pour vrai aux yeux des futurs citoyens et à ceux des gardiens de la nouvelle cité. Du point de vue de la dialectique ou de la vérité, les hommes sont nés d'une même Terre ; mais du point de vue politique, ils sont les fils d'une région de cette Terre. Il ne peut exister de « citoyens du monde ».

Les conséquences de cet état de choses sont considérables.

1° La justice des institutions propres à la cité née de la dialectique exigera qu'elle ne s'applique qu'aux seuls citoyens de cette cité ; qu'elle fasse naître un esprit civique strictement limité à cette cité. La justice sera donc injuste vis-à-vis des autres cités : une manière de dire que la justice ne peut résoudre le problème de la guerre.

2° La particularité propre à ce nouveau régime est comparable à une nécessité aveugle à l'intérieur même du régime. Les institutions politiques nouvelles, fondées sur l'idée universelle de la justice, ne peuvent pas se transformer intégralement en mœurs entièrement nouvelles. Le dialecticien-fondateur ne peut donc pas instituer un régime politique autonome, au sens où il ne serait que politique, comme le sera le projet de Rousseau avec *Du contrat social*. Nulle société, pour Platon, n'est en mesure de se recréer une identité politique autonome de part en part. Le rêve de Rousseau d'une société nouvelle où politique et morale en viendraient à coïncider (la morale prise ici au sens de mœurs républicaines) n'est pas partagé par

Platon, sans aucun doute plus lucide sur ce point. Le régime des mœurs minera toujours d'une manière sourde tout projet d'autonomie politique.

3° Ce qui vaut pour les mœurs vaut également pour ce que nous appelons aujourd'hui la « société civile ». De même que la justice politique fait l'épreuve de sa limite, *a fortiori*, la justice sociale et économique ne peut pas être l'objet rendu transparent d'un projet économique purement rationnel.

Il est manifestement très difficile de faire coïncider justice politique et justice sociale, ou encore changement de régime politique et changement de système économique. La vie économique échappe à toute fondation de la part d'un législateur. Tel type de système économique se développe de manière sourde et presque aveugle en dehors de tout projet conscient et rationnel. L'instauration du communisme ne vaut que pour les gardiens de la cité. Il n'est institué que pour créer les conditions de leur intérêt exclusif pour la cité. Mœurs et « société civile » fonctionnent d'une certaine manière comme des mensonges ou des vérités involontaires, c'est-à-dire telles des forces de fait échappant pour une grande part à tout projet de maîtrise. Autant dire que Platon, en construisant une cité nouvelle, n'a jamais éprouvé le désir de mettre fin à la politique, de constituer une cité transparente et rationnelle de part en part !

Le mensonge involontaire demeure toujours tapi dans l'ombre. Il ne cesse de s'insinuer partout, y compris dans l'entreprise de la dialectique qui, encore une fois, ne peut pas s'accomplir en une pure logique. C'est en outre une erreur involontaire commise par le philosophe-roi, ou plutôt par les fils du philosophe-roi, qui va faire dégénérer le régime fondé sur la dialectique, à partir du livre VIII de *La République*. Nous sommes, avec Platon, à mille lieues d'une utopie : utopie d'un discours logique et transparent à lui-même ; utopie d'un régime politique totalement rationnel ; utopie d'une justice politique à jamais séparée de l'injustice. « Je sais que je ne sais pas. » Ne faisons pas semblant de l'oublier et de projeter cet oubli sur Platon.

Cette mise au point nous permet de revenir au problème de l'activité artistique. Ce qui fait la faiblesse de la poésie et surtout de la tragédie c'est qu'elles méconnaissent (ou sous-estiment) le phénomène de la tromperie involontaire et les effets pervers qu'il produit sur l'âme des citoyens. Il nous faut donc, pour en finir, discerner dans le livre X de *La République* la raison pour laquelle Platon condamne poètes et auteurs tragiques.

Il associe étroitement le statut de l'art à celui des citoyens et à celui des gens qui vivent dans une famille. L'auteur tragique imite dans ses pièces les actions, les passions, les émotions des hommes ; bref, le tragique de l'existence quotidienne. L'effet de son art est de conférer à cette vie passionnelle une dimension plus grande et de l'intensifier. Son art « héroïse » la vie quotidienne. L'effet de cet effet est que les spectateurs s'identifient à cette image agrandie et intensifiée de leur vie ; ils identifient leurs actes et leurs passions à ceux des héros. Soit une mère de famille qui se rend au théâtre. Elle voit Médée incitant les filles de Pélias à dépecer leur père, à en jeter les morceaux dans un chaudron. Cette mère de famille aime le théâtre. La représentation fait naître en elle plaisir et douleur. Cette femme s'identifie pour une part à Médée. L'identification renforce son narcissisme ; lequel agrandit et intensifie la partie déraisonnable de son âme. Or, remarque Platon, quand un spectateur sort du théâtre et retrouve la vie ordinaire, il ne lui vient pas à l'esprit de se comporter comme Médée. Dans la vie, les gens cherchent plutôt à faire tout le contraire de ce que font les héros tragiques. Ils recherchent une maîtrise d'eux-mêmes et de la situation à laquelle ils sont confrontés. (Hobbes affirmera que les hommes agissent dans la vie comme au théâtre tragique.) Pour Platon, la plupart des hommes savent bien, fût-ce confusément, que ce qui est présenté dans la tragédie n'est pas vrai. Si, en effet, une tragédie provoquait un effet d'identification complète, les hommes iraient à leur perte. La vie familiale et sociale ne serait que « bruit et fureur ». Une société fonctionnant sur (ou imitant) le modèle tragique serait invivable.

Platon dénie à ce genre de tragédie la capacité de rendre les gens lucides. Il lui manque ce que Brecht appellera l'« effet de distanciation », qui, tout en jouant sur le plaisir et sur la peine, casse le phénomène de l'identification. Il ne suffit pas d'agrandir et d'intensifier ; il faut introduire un écart à l'intérieur de la représentation théâtrale, pour que les spectateurs ne soient plus « une assemblée de dormeurs qu'agitent de mauvais rêves » (Brecht). Ce n'est pas le plaisir en lui-même qui est mis en cause. Platon écrit : « Plaisir et douleur seraient les rois de la cité et non la raison et les lois. » Mais le problème avec le plaisir, c'est que pris en lui-même ou isolément, il est toujours un bien. Le plaisir qu'éprouve un homme qui se drogue est en soi un bien ; ce qui ne l'est pas c'est ce qui le fait naître. Ce n'est donc pas le plaisir qui est mis en cause, mais l'identification et le narcissisme et, par conséquent, l'aveuglement.

Transposons la critique de Platon dans notre

société : certains accusent tel genre de films de corrompre la jeunesse en « imitant » violence et sexe ; mais il faut retourner l'accusation ; en fait, ce type de cinéma n'est que l'imitation de la vie sociale dans certains de ses aspects : déraison et mépris ou oubli des lois. Si le spectateur s'identifie à la violence représentée dans un film c'est que déjà il s'identifie à elle dans la vie réelle. Platon critiquerait la complaisance de certains réalisateurs ou le fait qu'ils sont victimes d'une tromperie involontaire dans la mesure où ils décalquent, à leur insu, la réalité. Une pièce tragique n'a des effets désastreux sur les citoyens que parce que la cité où ils vivent est en voie de décomposition. Un film ou une pièce sont le symptôme d'un symptôme social, économique, politique. La *mimèsis*, ici, est le reflet neutre de la société.

Mais la critique de Platon ne vise pas seulement le naturalisme inintelligent de certains auteurs. Elle vise aussi l'œuvre qui dit une vérité, mais qui, selon lui, sacrifie cette dernière à la beauté de la forme esthétique. Il ne croit pas – et telle est la limite de la critique de Platon – que cette beauté puisse avoir une fonction de lucidité. L'art ne peut nous sauver de notre ignorance ou de notre semi-ignorance quant à la réalité. Pour lui, l'harmonie esthétique que crée l'artiste est toujours une image inversée de l'inharmonie de la vie sociale. Deux cas de figure se présenteraient alors : 1° une pièce tragique n'est que la redondance complaisante mais inutile d'une société malade ; et nous partageons ce point de vue ; 2° une pièce tragique, par la vertu de sa mise en forme, permet une évasion agréable et fugitive de la dureté de la vie. Nous ne souscrivons pas à cette analyse.

Ce qui demeure, néanmoins, dans la critique de

Platon, c'est que l'art ne peut pas se réfugier dans un monde à part et que, d'un autre côté, il n'est peut-être pas dans sa finalité de chercher à transformer le monde. Cette tâche revient, selon Platon, aux citoyens, à tous ces « philosophes-rois » en puissance. Mais, puisqu'il y aura toujours du mal et du malheur, même dans la cité née de la dialectique, la tragédie a encore de beaux jours devant elle.

NOTE

C'est dans *La République* (dans le livre X notamment) que Platon examine le statut de l'art et de ses productions ; l'exemple des « trois lits » permet d'établir une distinction entre le démiurge qui fabrique des lits et le *mimètès* qui les peint. 1° Les lits sont fabriqués à l'usage du *démos*, c'est-à-dire des hommes qui vivent dans une communauté politique. À qui, dès lors, s'adresse le peintre ? Certainement pas aux citoyens. On peut supposer qu'il s'adresse aux hommes en tant qu'individus dont la singularité propre se voit ainsi reconnue. Avec l'art, le naturel deviendrait l'individuel et le souci de l'individuel l'emporterait sur le souci de la chose publique. 2° Le peintre contrefait le lit fabriqué, image fidèle du vrai lit ou du lit en idée. Les produits de l'art s'éloignent du modèle ; l'écart se creuse entre ce dernier et l'œuvre d'art. L'artiste fait voir d'une manière sensible quelque chose d'« obscur » et de « trouble ». L'œuvre est une image obscurcie de l'idée ; et comme pour compenser cet obscurcissement l'artiste use de simulation et d'artifices. S'il use d'artifices c'est parce qu'il est impuissant à reproduire fidèlement la réalité véritable. L'invention (des artifices) prend le pas sur la reproduction. L'œuvre en tant qu'original se détache du « raisonnable ». Il y a là un pas décisif dans le mouvement d'émancipation de l'artiste vis-à-vis de la philosophie.

Platon, peut-être, croit à cette émancipation mais il est contre ! Si l'art tend à exalter le sentiment individuel et l'originalité, il paraît évident qu'il ne peut pas proposer un modèle théorique pour concevoir un ordre politique quelconque. Platon n'exclut le poète de la cité « théorique » que par rapport à cette impossibilité.

CHAPITRE IX

« Les Lois ». Philosophe-roi et législateur

Les Lois sont le deuxième volet de l'approche platonicienne de la vie politique, le premier volet étant exposé dans *La République* notamment. Nous supposons qu'il n'y a pas de coupure ou de changement *radical* de cap entre les deux dialogues, entre le thème du philosophe-roi et celui du législateur. Rappelons, tout d'abord, l'objet de ce dernier et long dialogue de Platon.

Trois hommes âgés – un Athénien anonyme dit « l'Étranger » ; un Lacédémonien, Mégillos ; un Crétois, Clinias – se retrouvent sur l'île de Crète. Ces hommes appartiennent à la génération de ceux qui se sont livré une lutte fratricide pendant la guerre du Péloponnèse. Leur rencontre et leurs discussions présentes sont une manière de renouer avec l'ancienne tradition de la *proxénie*, avec la loi de l'hospitalité. S'ils trouvent aussi un terrain d'entente, c'est parce que chacun « a été nourri dans une atmosphère de légalité », même si les lois athéniennes et les lois de Sparte ont servi d'alibi à la justification de cette guerre qui a marqué le destin des cités grecques. C'est dans ce climat de « fin de règne » que Clinias, le Crétois, annonce l'existence d'un projet de fondation d'une colonie en Crète. Cette colonie sera peuplée d'autochtones et d'immigrants venus des diverses cités du Péloponnèse. Il paraît évident pour chacun de ces trois hommes que cette fondation doit être établie sur des lois. Il va cependant apparaître très vite que pour Mégillos et pour Clinias ces lois doivent s'inspirer des législations propres à leurs cités respectives. L'Athénien, peut-être parce qu'il est sans nom, a l'expérience de la vie politique athénienne ; mais il n'est pas le porte-parole de sa cité.

Les lois de la future colonie seront adaptées à une situation historique bien précise qui est celle du monde grec et d'un monde grec sur le déclin. Elles ne prendront pour modèle aucune des législations propres aux trois cités, mais pourront y prélever ce qui sera jugé être le meilleur ou le plus juste en matière de lois. Les deux interlocuteurs de l'Athénien finissent par admettre qu'il s'agit d'instituer des lois nouvelles. L'Étranger s'inspire néanmoins de la législation athénienne concernant les banquets, non pour en faire le modèle d'une loi propre à la future colonie tout d'abord, mais pour briser le conservatisme de Mégillos et de Clinias. Il leur propose de s'enivrer « en paroles » – vu leur grand âge – pour faire remonter la sève, le goût de l'innovation. Cette ivresse leur permettra d'oser contester le caractère sacré des lois de leur cité et, dans la foulée, de rechercher s'il existe ou non un fondement des lois, de la loi ou de l'idée même de loi. Le Crétois et le Lacédémonien ne connaissent que le courage guerrier, la résistance à la douleur ; mais ils ignorent tout du courage qui consiste à affronter le plaisir, celui qui naît du désir d'innover, de déstabiliser les lois sacrées de sa cité et de parvenir à la maîtrise de ce plaisir. Cette audace tempérée définit une nouvelle sorte de courage qui est celui des fondateurs.

L'Athénien, manifestement, a un avantage sur ses deux compagnons. Nous pouvons à juste titre supposer qu'il a fréquenté Socrate et s'est exercé à la dialectique. Il pose des questions que ni Mégillos ni Clinias n'ont l'audace de poser et dont ils ne perçoivent même pas la raison d'être au départ. Mais l'Étranger se révèle être aussi un remarquable connaisseur des lois et des régimes de son temps ; il dispose, dirions-nous, d'une double formation : philosophique et juridique. Les trois hommes ont une expérience juridique ; mais l'Étranger dépasse cette seule expérience en proposant la mise en œuvre d'un véritable système du droit. Il affirme en effet que « jusqu'à ce jour, les lois ont été plutôt le fruit du hasard », des improvisations plus ou moins réussies de la part de législateurs qui les édictaient sous la pression des événements et des situations. Peu à peu, les interlocuteurs de l'Athénien en viennent à reconnaître l'incohérence de toutes les législations existantes et que celle-ci a été masquée par la croyance en leur origine divine, chaque cité se réclamant de son dieu. Ils reconnaissent aussi les effets de cette incohérence et de son masque : guerre des dieux et guerre des lois ; dieux et lois servant d'alibi à chaque cité pour justifier sa politique impérialiste.

L'Athénien se présente comme un conseiller éventuel (et non comme un maître) du futur législateur de la colonie ; il propose le projet, jusqu'alors inédit dans la vie politique grecque, d'un système juridique qui obéit à un souci d'ordonnance et de rigueur logique, d'un système où toutes les notions sont clairement définies et sont articulées les unes aux autres. Louis Gernet a pu écrire que Platon, dans *Les Lois*, avait mis au jour le concept de droit, et ce bien avant la tradition romaine, dans la mise en œuvre « d'une *technique juridique*, à la fois au sens normatif et expérimental » du terme[1]. Nous voyons dans ce dialogue la mise en place d'un droit public et d'un droit privé dont la cohérence interne ménage en outre une place à l'activité propre des juges ; de sorte qu'il n'y a pas de lois pour tout.

Ce nouveau droit ne se réduit pas à la seule technique juridique. Platon ne fonde pas une conception positiviste du droit. Certes, ce dernier occupe le devant de la scène dans *Les Lois*. Cette mise au premier plan dissimule, ou plutôt voile, ce qui se passe au second plan et presque dans les coulisses. L'art ou la technique juridiques supposent l'art de la dialectique ou la philosophie. Mais Clinias comme Mégillos l'ignorent et l'Athénien doit en tenir compte. La référence du nouveau droit à la justice telle qu'elle a été examinée dans *La République*, par exemple, est présente dans *Les Lois*, mais seulement en filigrane ; elle y travaille comme en sous-main. Il faut, par conséquent, repérer dans ce dialogue toutes les allusions qui concernent la relation que l'Étranger établit entre « loi » et « raison ». Il se sert le plus souvent d'images pour en rendre compte, telle l'image que nous examinerons de la marionnette que divers fils meuvent dans tous les sens. Pour la première fois, la raison et la philosophie dans son sillage font leur entrée dans le droit. Certes, ce dernier ne se réduit pas à la raison. Platon, sur ce point, s'accorderait avec Spinoza : si les hommes se conformaient aux seules règles de la raison, il n'y aurait pas besoin de lois. Mais il fallait montrer que les

1. In « Introduction » aux *Lois*, Les Belles Lettres, 1976.

lois, en tant que lois, ne sont pas étrangères à la raison et du même coup à la justice, ce que la raison et elle seule fait voir.

Les Lois s'achèvent sur l'institution de ce qu'il est aujourd'hui convenu d'appeler une *religion civile*. Il y a, sur ce point, une similitude entre *Les Lois* et *Du contrat social*. Cette religion civile suppose que soit démontrée l'existence des dieux. Ce projet apparaît vain et dangereux aux interlocuteurs de l'Athénien : vain, parce qu'ils croient à l'existence des dieux ; dangereux, parce qu'une telle démonstration peut échouer et laisser la porte ouverte à l'athéisme. Il entre dans le cadre de cette démonstration de prouver l'existence d'une Providence, d'un dessein divin à l'œuvre dans les cités. Ce thème est entièrement nouveau par rapport à ce qui est dit du divin dans *La République*, où il est toujours sous-entendu que le divin ne se soucie pas du sort des hommes et des cités. Mais ni l'existence des dieux ni celle de la Providence ne sont démontrées ; et les sanctions prévues contre l'impiété sont loin d'être sévères à l'encontre de celui qui, accusé d'athéisme, est un citoyen respectueux des lois. Socrate, à coup sûr, ne serait pas condamné à mort dans la cité des *Lois*.

Il faut distinguer, dans ce dialogue, l'enquête philosophique et juridique sur les lois et le contenu de celles-ci. Du point de vue de leur contenu, les lois proposées par l'Athénien sont adaptées, encore une fois, à une situation historique bien déterminée qui est celle de la Grèce. Nombre d'entre elles peuvent nous hérisser. Mais la réaction éventuelle d'un citoyen grec de cette époque n'aurait sans doute pas été comparable à la nôtre, dans la mesure où elles reprennent souvent, mais en les modifiant, les lois qui étaient alors en vigueur dans les cités.

Quant à leur contenu, elles n'ont de valeur que *hic et nunc*. Il s'agirait d'une entreprise de *restauration*. L'idée de restauration contient celle d'un retour à une situation antérieure à la situation présente. C'est ainsi que l'Athénien propose de revenir à l'époque de Clisthène et, par conséquent, en deçà de celle de Périclès. Il met alors l'accent sur le modèle lacédémonien : Sparte incarne le *repos* et l'*ordre*. Mais toute restauration, au sens politique du terme, suppose toujours un moment révolutionnaire qui a eu lieu : ce moment représente l'Athènes de la liberté, la cité qui incarne le *mouvement*. Les nouvelles lois seront une sorte de compromis entre liberté et ordre.

Clinias et Mégillos ne s'intéressent qu'au contenu des lois. Mais ils acceptent de bon gré l'innovation que représente la technique juridique, qui permet d'établir un système de lois. Tel est le premier niveau de ce dialogue. *Les Lois* se présentent comme un *traité législatif*.

Il est une autre innovation proposée par l'Athénien. Elle porte sur l'intérêt qu'il y a à rédiger des *préambules* aux lois. Dans les livres IV et IX, ces préambules sont comparés aux préludes musicaux qui précèdent l'exécution d'une œuvre et au cours desquels les musiciens s'entraînent pour mettre au point une telle exécution. Mais l'Étranger se réfère plus précisément, en vue d'éclairer la fonction d'un préambule, aux deux sortes de relation qui peuvent exister entre un médecin et son malade : ou bien le médecin soigne le patient sans jamais s'entretenir avec lui et lui applique un traitement à la manière d'un maître qui donne un ordre à son esclave ; ou bien le médecin tente d'expliquer sa maladie au patient et la nature des remèdes qu'il lui administre, semblable en ceci à la conduite d'un homme libre envers un autre homme libre. De la même façon, tout législateur doit, par ces préambules, expliquer et justifier aux yeux des citoyens la raison d'être et la légitimité de telle et telle loi. Ce travail public appartient au genre de la rhétorique noble qui use de la persuasion, laquelle se situe entre la pure explication rationnelle de la loi et l'inévitable contrainte qu'elle exercera. La réaction de Clinias est tout à fait symptomatique : curieux médecin que celui qui parle à son malade au lieu de le soigner ! Une loi n'est pas un conseil que l'on donne ! Clinias presse l'Athénien d'en finir au plus vite avec ces préambules pour en venir à la formulation des lois (fin du livre IV : « Ne perdons plus notre temps ! »).

Ce qui distingue ces deux sortes de médecin et de législateur est que les uns agissent sans aucun raisonnement *(aneu logou)*, les autres non. Qu'en est-il de ce *logos* ? « Parle-nous, législateur ! S'il est vrai que tu *saches* ce que nous devons faire et dire, n'est-il pas évident que tu nous le diras ? » Cette adresse de l'Athénien au législateur concerne le savoir propre à ce dernier. Clinias est convaincu que le législateur sait. L'Étranger, quant à lui, l'est beaucoup moins. Il y a à cela plusieurs raisons. La première tient au fait qu'une même loi doit s'appliquer à une « matière » très complexe, fluctuante, voire contradictoire : les hommes dans leur infinie ambiguïté. Le législateur, de ce point de vue, n'a pas du tout l'avantage dont bénéficie le poète. Celui-ci, quand il compose, a toute latitude pour dépeindre les hommes ou un même homme dans leurs dispositions opposées ; il peut, par conséquent, tenir sur un seul sujet deux langages différents (IV, 719c-d). Le législateur, en revanche, doit énoncer une seule et unique loi (qui est ici l'équivalent d'un discours écrit) ; il doit dire et écrire « une seule et unique chose ».

La seconde raison tient au fait que le préambule – et ce point apparaît de plus en plus nettement – se présente comme l'équivalent, mieux, comme le substitut d'un débat, d'une argumentation « qui se rapproche de celle de la philosophie » (IX, 857d). Ce débat comme élément propre au *logos* du législateur porte sur le bien-fondé des lois, sur leur conformité à cette mesure qu'est la justice. Le préambule précède donc bien réellement la rédaction des lois. Celles-ci y trouvent leur fondement. Certes, Clinias n'a pas tout à fait tort de montrer que si une loi ne trouve sa justification que dans un débat sur la loi, elle perdra toute autorité contraignante et risquera fort de n'être point respectée. L'unique référence à la philosophie dans ce dialogue atteste que ce dernier n'en est pas vraiment un, au sens platonicien du dialogue ; et que les préambules (fort nombreux) en sont le substitut. Le pari de l'Athénien est le suivant : les lois s'éloigneront d'autant plus de la pure contrainte qu'elles seront publiquement justifiées et éclairées par le raisonnement. Qui plus est, l'existence de préambules montre que les lois s'adressent à des hommes libres, à des citoyens. Enfin et surtout, la lecture de ces préambules par les citoyens se révèle aux yeux de l'Athénien beaucoup plus importante que celle des lois elles-mêmes, plus importante par conséquent que la seule et stricte obéissance aux lois.

Ce dernier point éclaire le sens et l'enjeu de tout le dialogue. Dans le livre IX, l'Athénien proclame qu'il ne légifère pas mais que, par la mise en œuvre de ces préambules, il se livre « à une tâche d'éducation des citoyens ». « Nous ne sommes pas du tout forcés de légiférer, nous nous livrons à une méditation (*prodianoéomaï*, 857e) sur ce qui est le meilleur et le plus nécessaire en matière de loi». *Les Lois*, à ce second niveau, sont un *traité d'éducation*. Éduquer n'est pas ordonner. L'obéissance à des lois suppose l'existence de citoyens éduqués qui reconnaissent le principe des lois et leur justification. De la même manière, sans doute, *Du contrat social* supposera-t-il *Émile*, traité d'éducation.

Le livre IX est très certainement le plus important du dialogue. Il porte à un premier niveau sur l'établissement d'un code pénal qui doit légiférer non seulement en matière de droit privé mais aussi en matière de droit public, puisqu'il doit sanctionner les crimes commis contre la cité. Mais c'est le droit privé qui occupe la majeure partie de ce livre. Après avoir rappelé que le droit pénal, par son existence même, a quelque chose de déshonorant pour l'humanité, puisqu'il suppose celle des crimes, l'Étranger propose un préambule à l'établissement du futur code pénal. Or une telle initiative en matière de droit pénal présente des risques considérables, puisqu'on imagine fort bien des criminels de droit commun «méditer» à leur tour sur ce préambule et en tirer prétexte pour le contester et chercher à échapper aux sanctions. L'Étranger, ici, marche sur le fil du rasoir.

Le préambule, en effet, développe la difficulté qu'il y a à établir un code pénal, et ce au grand étonnement de ses deux interlocuteurs. Tout le monde et tous les législateurs jusqu'à ce jour tiennent pour assuré et pour vérifié qu'il existe une distinction sans équivoque entre les crimes et délits volontaires et les crimes et délits involontaires. Cette distinction s'identifie à celle qui oppose l'injustice volontaire à l'injustice involontaire. La nature des sanctions et leurs degrés correspondent à ces deux catégories de délits. « Avant de légiférer » en la matière, il est nécessaire d'examiner le bien-fondé de cette distinction, si le législateur veut établir un code pénal qui soit *juste*. Or nous apprenons de la bouche de l'Étranger que « les choses justes sont pour nous une occasion de trouble et de désaccord ». L'occasion est ici fournie par la question qui porte sur ce qui distingue le « volontaire » et l'« involontaire ». Cette question, à son tour, renvoie à celle qui porte sur le statut de l'âme humaine ; celle-ci n'est pas simple mais composée d'une raison, d'une partie irascible et de désirs étrangers à la raison. Cette composition n'en est pas vraiment une. L'âme est le champ d'échanges fort complexes et équivoques entre ces trois instances. En théorie, l'âme est juste et agit d'une manière juste quand c'est la raison qui tient les rênes de cet attelage bien disparate. Mais dans la vie, l'âme des hommes présente des états inextricablement confus. Or la colère, la peur, les désirs et envies de toutes sortes sont les véritables mobiles des actes, ceux qui poussent les hommes à faire le mal. Force est donc de constater que la quasi-totalité des fautes commises sont involontaires.

L'Étranger fait sienne (sans la nommer) la thèse de Socrate selon laquelle « nul ne fait le mal volontairement ». Rappelons brièvement que la crainte du mensonge involontaire est la hantise de Platon (il est dû au caractère équivoque du langage) ; à ce mensonge, il oppose cette contre-mesure qu'est l'exercice de la dialectique. Mais quand il s'agit des actes involontaires (dus au statut de l'âme humaine), il n'est plus question de leur opposer la dialectique. L'argumentation de Socrate – qui n'est pas reprise ici – est qu'en faisant le mal un homme croit que ce mal est un bien pour lui ; qu'il fait quelque chose de mauvais parce que ce quelque chose présente à ses yeux un aspect bon et attirant. Prendre le mal pour le bien est donc l'effet d'une ignorance. Or un législateur ne peut compter sur la dialectique ni sur la seule éducation pour guérir peu à peu les hommes de l'ignorance, à moins de faire preuve d'angélisme. Mais le problème est que, si toute faute est involontaire, les lois puniront injustement les hommes et que tout code pénal est injuste.

Ce préambule a des effets destructeurs sur le principe même du droit pénal, lequel suppose la distinction entre délits volontaires et délits involontaires. Celle-ci permet « de juger de la convenance ou de la disconvenance de la peine qui doit être infligée » (861c). Le préambule au code pénal prend une valeur exemplaire ou paradigmatique dans la mesure où il interroge le bien-fondé de la loi en tant que loi. Qui plus est, il indique de plus en plus nettement que le législateur, si d'aventure il est socratique, devra tenir deux discours opposés (à l'instar du poète) : le discours tenu dans le préambule et cet autre discours qu'est la loi pénale. D'autre part, ce législateur ne dispose pas d'un savoir vrai ou suffisant lui permettant d'établir une distinction sans équivoque entre délits volontaires et délits involontaires. Socrate lui-même se contentait de croire *(doxa)* que tous les délits étaient involontaires. Le législateur devra croire à cette distinction pour établir des lois pénales. Ainsi la loi, dont il est en outre montré qu'elle a une rationalité, s'inscrit dans un savoir lacunaire concernant le juste et l'injuste, « tant est indéterminée, brouillée dans tout acte la part du volontaire, celle de l'involontaire» (IX, 861e). Le législateur, en définitive, ne tiendra compte que de l'étendue des dommages causés à autrui.

Cette méditation sur les lois pénales révèle que toute loi ne peut avoir un fondement purement rationnel ni purement et simplement juste. Elle se distingue donc de l'exercice de la dialectique mais aussi de l'éducation qui procède avec la douceur qui caractérise la raison. Les lois diront ce qui n'est pas la vérité, ou plutôt exprimeront une «opinion vraie» sur la vérité, sur la justice en l'occurrence.

Nous pouvons enfin comprendre pourquoi le «juge» occupe une place décisive dans *Les Lois*; une place que le système législatif doit laisser vacante ou vide de lois, pour que s'exerce dans ces lacunes du savoir juridique un art de juger s'appuyant sur l'expérience juridique et sur la prudence, cette sagesse qui porte sur les cas particuliers. Cette promotion de l'art de juger est égale à celle de l'art politique des gouvernants en matière de décision sur les affaires de la cité.

En suivant le cours du livre IX, le lecteur ne peut pas ne pas remarquer l'existence d'un autre préambule qui précède l'établissement des sanctions concernant les «coups et blessures». Seulement, ce préambule présente un caractère tout à fait singulier. Il s'agit d'une méditation purement intérieure de l'Athénien qui rompt la continuité du travail législatif et que nous pourrions intituler «Le silence de l'Athénien» (IX, 875a-e). Clinias a manifestement remarqué cette interruption; mais il ne connaîtra pas le contenu de cet aparté. L'Étranger voile ici à ses deux interlocuteurs ce que Platon écrit et par conséquent dévoile à ses lecteurs, qui sont mis dans la confidence de cette méditation. (Beau cas d'inversion de la prétendue méfiance de Platon pour l'écrit.) On pourrait comparer la fonction des préambules dans *Les Lois* à celle des scolies dans l'*Éthique* spinoziste[1]. Ils forment les uns et les autres une ligne brisée qui double la ligne continue des démonstrations et ici de l'élaboration des lois. Ce dialogue serait double, se développerait sur un double registre : le registre proprement législatif et le registre plus philosophique, plus silencieux, plus en profondeur, et qui, simultanément, fonde et conteste le travail purement législatif, en en montrant les limites, et qui, enfin, s'adresse directement aux citoyens, vise à leur éducation[2].

Le silence de l'Athénien

« Les hommes se donnent des lois sous l'empire de la nécessité et leur survie dépend de leur obéissance aux lois ; faute de quoi, rien ne les distinguerait des animaux les plus sauvages. En voici la raison : aucun homme ne dispose de naissance de la capacité naturelle de discerner par la pensée ce qui est profitable à l'humanité, c'est-à-dire pourquoi et comment la vie humaine peut prendre la forme d'une organisation à caractère politique. Quand bien même un homme disposerait d'une telle connaissance, lui feraient défaut le pouvoir et la volonté constante de mettre en œuvre ce qu'il a discerné être le meilleur. La première difficulté touche à la connaissance de ce qu'est un art politique véritable, lequel a pour souci le bien public

1. Voir Gilles Deleuze, *Spinoza et le problème de l'expression*, Minuit, 1969 (*in* Appendice).

2. Il faut donc distinguer le plan des énoncés des lois et celui où sont explicitées les raisons de leur énonciation.

et non pas l'intérêt individuel ; si le premier fait la cohésion des cités, le second les désagrège. Il est en outre difficile de saisir l'articulation précise qui unit bien commun et intérêt individuel, articulation qui ne satisfait le second que si le premier est prioritairement bien assuré. La seconde difficulté touche à la réalisation de cette connaissance de l'art politique, dans l'hypothèse où celle-ci serait accessible à un homme. Supposons que ce dernier dispose dans une cité d'un pouvoir sans partage ; il est à craindre qu'il ne pourrait pas tout au long de sa vie demeurer fidèle au principe de l'art politique : placer le bien commun au-dessus de l'intérêt individuel (à commencer par le sien) ; satisfaire celui-ci pour autant que l'est le premier. Tout au contraire, la nature mortelle n'aura de cesse de soumettre cet homme à un désir d'acquérir illimité et donc de développer son égoïsme ; cette nature fuit sans raison la douleur et poursuit non moins sans raison le plaisir ; douleur et plaisir forment un écran qui cache ce qui est le plus juste et ce qui vaut le mieux pour les hommes. L'obscurité envahit la nature mortelle et gagne, avec son cortège de misères, la cité tout entière. Mais si un jour naissait un homme qui, par faveur divine, jouissait de la capacité naturelle de connaître ce qu'est l'art politique et de la volonté constante de la mettre en pratique, de la capacité de lier comme il convient intérêt public et intérêt individuel, alors cet homme n'aurait plus besoin de lois pour régler sa propre conduite. Nulle loi, nulle réglementation n'a une puissance supérieure à celle du savoir ; et la justice du Tout *(thémis)* interdit de soumettre la raison, d'en faire une esclave ; à elle seule appartient la véritable autorité : à cette condition précise, toutefois, que la raison use de sa liberté conformément à sa nature. Mais il faut bien constater qu'un tel homme n'existe nulle part et que seuls existent des hommes qui ne lui arrivent qu'à la cheville. Il nous faut donc choisir le second parti, celui de la réglementation et de la loi [...]. Mais celles-ci ne s'appliquent qu'à ce qui arrive le plus souvent *(épi to polu)*, de sorte qu'elles ne peuvent s'appliquer à tout. »

Nous comprenons bien que l'Athénien ne veut pas désespérer ses interlocuteurs...

L'esprit général du texte est que les hommes sont incapables de régler leur vie tant individuelle que collective sur les seuls préceptes de la raison. Mais ils sont suffisamment intelligents pour faire des lois ; c'est-à-dire pour comprendre qu'ils ne sont pas assez intelligents pour s'en passer. Au départ, leur intelligence est obscurcie par l'extrême dureté de leur existence et par la peur ou par le désir forcené de rester en vie. Contraints de penser sans cesse à leur seule préservation, les hommes ne peuvent développer que leur désir égoïste ; ce qui ne favorise pas la vie en commun. Comme l'écrira Rousseau, c'est toujours une situation extrême et misérable qui détermine un intérêt à être méchant. C'est la contrainte exercée par la nécessité qui force les hommes, d'autre part, à poser une autre sorte de contrainte, celle que sont les lois : la contrainte des lois est la contre-mesure de la contrainte tout court. Cela ne procède, à ce niveau, d'aucune inclination vers le Bien, mais du seul souci de la préservation de la vie.

Mais l'intelligence de la grande majorité des hommes est tellement obscurcie par la misère et par la peur qu'il n'est pas immédiatement à leur portée de savoir de quelle manière ils peuvent satisfaire ce désir de conservation. Il est néanmoins supposé que cette intelligence n'est pas entièrement annihilée puisqu'elle peut s'exercer, mettre progressivement en place un ordre, travail dont le livre II nous apprend qu'il a exigé beaucoup de temps, connu bien des difficultés, avec des avancées et des reculs. La nécessité ou la Fortune n'est donc pas la seule maîtresse du jeu. La nécessité met en mouvement dans l'âme des hommes des affections qui, comparables aux fils d'une marionnette, la tirent dans des directions opposées (livre I). La raison, symbolisée par un fil d'or, peut stabiliser ce tournis de l'âme. Le hasard, même dans les pires situations, ne gouverne pas l'intégralité des affaires humaines.

La partie centrale du préambule examine un point capital : elle porte sur la possibilité de connaître et d'agir politiquement. C'est la thèse du philosophe-roi qui est testée et tout l'enjeu de la philosophie de Platon. Le philosophe-roi est la figure complète, achevée du citoyen, défini comme sujet du savoir et du pouvoir politiques, c'est-à-dire de l'*Homo politicus*. La position de cette figure est solidaire de la thèse selon laquelle la vie des hommes en société est, en dépit de tout, attirée par le Bien. Le philosophe-roi représente le citoyen chez lequel cette attraction est la plus forte et qui peut, si les circonstances le permettent, traduire cette orientation en actes. Or le texte met ces deux thèses en cause. Nous sommes transportés dans une vie sociale où s'exerce un pouvoir politique ; ce qui laisse supposer que l'humanité, ou une partie de celle-ci, est sortie de l'état initial de misère. Il apparaît tout d'abord que l'accès au savoir politique est barré ; d'autre part, quand bien même l'homme qui exerce le pouvoir en disposerait, il ne pourrait pas le mettre en œuvre. Ici, c'est beaucoup moins l'empire de la nécessité que le désir de dominer qui mène le jeu et fait que ce savoir demeure lettre morte. L'Étranger est très proche de Machiavel, qui affirmera que le désir de dominer est si puissant chez *tous* les hommes qu'il envahit ceux qui n'ont aucune chance d'arriver au pouvoir. Autrement dit, même celui qui sait (le philosophe ?) est envahi par le désir de domination et n'a aucune inclination pour le Bien.

Mû par ce désir, l'homme politique est semblable à une marionnette, de sorte que le domaine politique n'a plus de sujet actif, puisque l'autocrate n'est que l'effet de ce désir. La référence à la « nature mortelle » des hommes indique que les ponts sont coupés entre le monde du devenir et celui des idées et du Bien et que seule la raison survit à ce naufrage. Dans cette perspective, ce n'est plus l'intelligence du Bien qui peut guider l'âme humaine, mais celle du mal. Le mal, grâce à la connaissance qu'on en peut avoir, devient la lumière du mal et cet éclairement devient le seul guide. L'analyse des forces sociales et des passions peut permettre de retourner le mal contre lui-même. Si le mal est perpétué par les sociétés humaines, encore faut-il expliquer comment elles peuvent survivre, tenter de le surmonter, puisque le mal est destructeur. C'est une question de vie ou de mort pour les cités. L'Athénien, manifestement, ouvre une voie qu'il se garde bien d'explorer. On peut en effet concevoir un simulacre de bien public, un bien commun purement utilitaire, comme sommation des intérêts particuliers ; thèse qui renvoie aux situations de fait, à une « justice » purement et simplement « sociétaire ».

La suite du texte fait référence au philosophe-roi, sans que l'expression soit présente. S'agit-il d'un rappel nostalgique ou de l'attente obstinée d'un coup de chance, d'une heureuse fortune ? Ceci montre qu'il n'existe aucune Providence ; mais aussi que nul homme n'est capable de forcer la chance, de lui donner un coup de pouce, fût-ce par des vœux ou des prières. Tout le domaine humain se voit suspendu à la nécessité aveugle de ses premiers commencements et à la fortune divine. Il n'y a là rien de nouveau par rapport à ce que le *Timée* notamment nous a appris. La référence à la chance signifie que le Bien n'aspire pas par lui-même à réaliser quoi que ce soit. Le démiurge divin et le démiurge humain sont attirés par le Bien ; mais celui-ci demeure indifférent. Pour Platon, nous ne saurons jamais si le Bien nous veut du bien. La Providence n'est pas susceptible de démonstration ; elle est uniquement objet de croyance. Il n'y a pas d'hommes providentiels ni de prophètes envoyés par Dieu ou par les dieux.

La dernière partie du préambule met l'accent sur la liberté propre à la raison. Un raisonnement (ou le débat dialectique) est libre vis-à-vis de toute contrainte extérieure. La raison n'est « esclave » de rien. Si les hommes pouvaient s'unir dans le raisonnement ou dans la pensée, leur vie serait libre ; une activité politique vraiment libre serait une activité raisonnable ; le philosophe-roi la personnifie. Or qu'en est-il d'une raison qui se fait législatrice ? Cette activité limite-t-elle sa liberté interne ? La réponse est négative. Dans le livre I, l'Athénien dit que la loi est le résultat d'un raisonnement qui porte sur ce qu'est le bien commun ; mais il ajoute que ce résultat devient un commandement auquel il faut obéir. Dès qu'il y a commandement, il y a contrainte ; or toute contrainte est par nature irrationnelle. La contrainte, du moins, est nécessaire là où le raisonnement ne peut suffire. La seule connaissance du bien commun est impuissante à le faire respecter. La fabrication des lois par le législateur qui dispose de ce savoir est rationnelle ; mais la raison doit accepter la nécessité de la contrainte et reconnaît par là même son insuffisance dans le domaine de la vie politique. Faire des lois ne limite pas sa liberté pour autant. La loi, comme résultat de son activité, est un mixte de raison et de nécessité. Elle occupe le « second rang[1] ».

La relation entre le savoir et la loi est examinée dans le livre I par le truchement de l'image de la marionnette. L'Étranger compare les hommes à cette dernière. Le plaisir et la douleur sont comparés aux fils qui la meuvent dans des directions opposées ; l'espoir et la crainte – l'imaginaire des hommes – représentent un autre fil ; la raison, enfin, serait un fil d'or qui, contrairement aux autres, opère avec douceur. Pour être en mesure de contrecarrer la traction exercée par les autres fils, la raison doit abandonner sa douceur, devenir dure comme un fil d'acier. La raison se fait loi. Deux cas de figure se présentent : 1° la loi commande et sa force est telle qu'elle contraint la marionnette à suivre l'orientation de la raison ; dans ce cas, les hommes sont tout autant des marionnettes que ceux qui étaient mus par leurs passions et par leur imagination ; ils subissent la traction du fil qu'est la loi ; 2° la loi n'est pas seulement énoncée mais

1. La loi, par la sanction, utilise la peur. Celle-ci a une fonction indispensable dans le lent travail de transformation des hommes d'êtres brutaux et asociaux en êtres « civilisés ». La raison et le désir du Bien seraient impuissants sans la peur. Mais l'effet produit progressivement par les lois crée les conditions les plus propices à la mise au second plan de la peur au profit de l'obéissance raisonnable aux lois.

accompagnée d'un préambule grâce auquel les hommes sont à même de comprendre les raisons pour lesquelles la loi a été énoncée ; dans ce cas, ils ne sont plus des marionnettes ; ils savent pourquoi les lois doivent les contraindre à respecter les préceptes de la raison, si, et seulement si, ces lois ont été établies conformément à ces préceptes. Il serait contraire à la raison que les hommes ne connaissent pas les raisons qui justifient la contrainte des lois. Quand Rousseau affirme que « tous les hommes sont égaux en droit », il ne s'agit pas d'une loi, mais d'un principe posé comme rationnel ; mais il faut des lois pour contraindre les hommes à agir en conformité avec ce principe. Il doit y avoir enfin consensus sur l'acceptation de cette contrainte : la loi est un *dogma*, c'est-à-dire ce qui est précisément accepté d'un commun accord.

La fin du texte montre la limite de la loi. Celle-ci ne peut pas s'appliquer à tout, mais seulement aux cas les plus fréquents ; cette question sera reprise et développée par Aristote dans sa théorie de la *phronèsis*. L'insuffisance de la loi atteste son infériorité par rapport à la raison ; elle seule est capable de discerner tous les cas et apte à en juger. On ne soulignera jamais assez l'importance que Platon accorde à la fonction des juges dans son système législatif. Nous sommes, dans *Les Lois*, très loin d'une conception religieuse de la loi qui met en place un ordre unifié et total légiférant dans tous les aspects de la vie humaine tant privée que publique. La loi, pour Platon, ne peut faire autorité que si elle est d'origine rationnelle. L'existence des préambules n'a de sens que par rapport à cette condition. Cette existence n'a aucune justification s'il s'agit d'une loi révélée. D'autre part, le travail législatif est continu, et les lois doivent être modifiées, avec prudence, en fonction des changements de situation. Le système législatif platonicien est un système ouvert et non pas définitif. Dans le cas contraire, c'est la réalité propre de la vie politique qui serait anéantie. Les préambules ont une importance capitale dans la mesure où ils sont le lieu d'un débat public sur les lois. L'Athénien est la figure achevée du citoyen éclairé qui mène un tel débat. Mais dans ce dialogue, Clinias et Mégillos ne prennent qu'une part minime à ce débat : ils se rapprochent du premier cas de figure, où la marionnette est mue mécaniquement par la loi. Nous pouvons généraliser ce point de vue en l'appliquant au contenu de certaines lois énoncées dans ce dialogue : certaines d'entre elles s'adressent à des hommes qui sont sur le chemin de la citoyenneté et se situent entre le statut de la marionnette et celui du citoyen éclairé.

De la même manière que le divin platonicien n'est pas déjà écrit, de même les lois ne sont pas déjà données; au commentaire pur et simple se substitue le débat, c'est-à-dire le travail législatif. Mais la raison humaine n'est pas pour autant livrée à elle-même et à elle seule. La fabrication rationnelle des lois doit être, autant que faire se peut, conforme à la *Thémis*, à la justice naturelle, à l'ordre cosmique sur lequel *La République* nous éclaire. Dans le préambule que nous avons cité, il est affirmé que la raison perdrait sa liberté si elle ne respectait pas cet ordre. La justice propre au Tout trouve sa formulation rationnelle dans l'attribution à chacun de ce qui lui revient *selon la bonne mesure*. Mais toute la difficulté réside dans le discernement de cette bonne mesure. Le travail législatif, l'art politique et l'art des juges s'appliquent à lever relativement cette difficulté, toujours en tenant compte des circonstances. Si l'on s'en tenait exclusivement à la généralité de la loi, la législation serait injuste ; d'une part, cette généralité fait qu'elle pourrait être facile à tourner ; d'autre part, elle raboterait l'hétérogénéité propre au domaine social et politique. Dans le livre VI des *Lois* (757a-d), l'Athénien rappelle que la juste mesure consiste à discerner « une égalité entre conditions inégales » ; faute de quoi cette égalité « se changera en inégalité » (voir *Gorgias*, 507e). Il n'existe pas sur ce point de solution miracle.

Notre propos n'est pas de faire une analyse exhaustive des *Lois*. Il nous faut cependant examiner le cadre général dans lequel ce dialogue s'inscrit. Dès le départ, la nécessité d'une législation est mise en relation avec la vie et la mort des cités. La nature mortelle des sociétés humaines a pour signe la guerre. La prise en compte de celle-ci amène l'Athénien à éclairer la vie des cités à la lumière (ou sous l'« obscure clarté ») des situations extrêmes. Le caractère apparemment inéluctable des guerres montre que tout ordre législatif, fût-il le plus juste, souffre d'une insuffisance et qu'il est incapable de mener à une réconciliation entre les hommes et entre les sociétés ; la justice est non seulement confrontée à l'injustice, mais elle est contrainte parfois d'être injuste, quand une cité est mise dans la nécessité de faire la guerre. La critique acerbe de l'impérialisme propre aux cités grecques doit être lue dans cette perspective ; et la « fiction » d'une nouvelle colonie qui pourrait vivre en autarcie n'a pour fonction que de mettre l'accent sur ce point.

Cet éclairage de la vie politique permet de mettre au jour les deux points suivants : 1° il est impossible qu'à un même moment historique toutes les sociétés humaines soient à égalité quant à la justice ; cela tient, bien évidemment, au fait que celles-ci se trouvent dans des conditions sociales et économiques radicalement hétérogènes, conditions qui déterminent pour une grande part leur niveau de citoyenneté ; 2° quand bien même existerait-il à un moment historique donné une cité qui, du moins, tend à réaliser la justice en son sein, elle serait confrontée à l'injustice des cités voisines. Elle ne pourrait donc pas s'empêcher de considérer ces cités comme des ennemies potentielles. Faire preuve de pacifisme serait faire preuve d'angélisme. La lutte contre cette adversité réintroduit l'injustice dans la cité « juste », le loup dans la bergerie. Cela signifie qu'une cité « juste » ne peut exister dans un monde injuste qu'en ayant elle-même recours à la guerre, laquelle relève, non de la justice, mais de la « nécessité ». À partir de cette constatation, on peut se demander si une cité juste (celle qui est fondée dans *La République*) peut exister dans un monde injuste.

La *vie* de cette cité l'emporte, en valeur, sur sa justice ; or la vie se rapporte d'abord au corps ; tandis que la justice se rapporte à l'âme. L'âme est l'objet de l'art politique. La guerre qu'il faut mener pour défendre la vie de la cité (la cité comme corps) produit une inversion, voire une subversion dans la hiérarchie des valeurs. En poussant l'argument jusqu'au bout, cela conduit à poser la vie en tant que vie comme fondement du droit de chacun et de chaque société à le défendre, à inscrire le droit dans cette nécessité naturelle ; ce que Hobbes établira plus tard. La perpétuation de la vie devient l'objectif suprême. Les lois établies par les hommes ne visent que la protection et aussi le bien-être des corps. Dans cette perspective, l'activité des hommes en matière de politique change radicalement de finalité. Il ne s'agit plus que de viser la protection de leur vie. La référence à une justice cosmique, à celle du Tout, est soit supprimée, soit maintenue ; mais dans ce dernier cas, elle cesse d'être opérante dans le domaine politique et ne concerne plus que les seuls individus ou leur conscience purement privée. Cette justice devient la loi religieuse ou une loi morale dont le respect par les individus vise leur salut ou leur amélioration personnelle. Une coupure s'établit de la sorte à l'intérieur de la justice que Platon pose comme un tout indivisible.

Les Lois, en mettant l'accent sur la guerre, sur la vie et la destruction des cités, montrent qu'existe le risque de la dévalorisation de la vie politique. L'insistance finale mise sur la croyance religieuse participe de cette dévalorisation. La force propre à la croyance tend à se substituer à la clairvoyance du débat politique et législatif ; elle tend à légitimer par les dieux la lutte de la cité pour sa vie : les dieux deviennent les protecteurs des corps, à commencer par celui de la cité. Le souci de la préservation de la vie tend à faire oublier l'activité politique et législatrice de l'âme qui a accès à la justice. Mais la « nécessité » tendrait à briser ce lien : l'obéissance pure et simple aux commandements de la loi apparaîtrait comme l'unique moyen d'assurer la survie des hommes et des cités. L'obéissance inconditionnelle aux lois montrerait l'impuissance de la philosophie à fonder une cité juste sur la base de la connaissance du bien individuel et du bien politique. Les lois et les armes seraient les seules forces à opposer au mal et au malheur. L'horizon de la vie politique se rétrécit alors considérablement : la lutte contre la « nécessité », par les armes et par les lois, tend à occuper toute la place au détriment d'une activité politique qui, parce qu'elle est tendue vers le Bien, vise au perfectionnement des hommes et des cités.

Pourtant, la lecture des *Lois* n'autorise pas pleinement un tel pessimisme. La présence des préambules joue sans cesse la fonction d'un appel à la véritable justification de l'existence sous des lois ; ils s'adressent à des citoyens éclairés qui mènent un débat sur les lois à édicter et sur leur raison d'être. *Les Lois* se présentent comme le premier débat public sur l'activité législatrice en tant que telle et dans son rapport avec l'activité politique.

CONCLUSION

Nous avons mis en cause dans cet essai l'interprétation «christianisante» de la philosophie de Platon. Cette interprétation a une histoire : les penseurs et théologiens médiévaux et chrétiens ont lu Platon à travers la lecture qu'en avait faite saint Augustin; lequel avait lu Platon à travers celle qu'en avait faite Plotin. Il s'est de la sorte constitué une tradition qui obscurcit nos yeux. Elle a mis en place une grille de lecture qui s'impose à ceux-là mêmes qui se déclarent étrangers aux principes de base du christianisme. Nombre d'historiens et de penseurs marxistes, par exemple, reprennent à leur propre compte cette interprétation «christianisante» de Platon.

Celle-ci a produit deux effets pervers, opposés et solidaires : solidaires, parce qu'ils conduisent à une dévalorisation de la vie politique. Deux voies mènent à cette dévalorisation. *La première* consiste à privilégier essentiellement l'activité contemplative. L'âme est posée comme quelque chose de tellement plus parfait que le reste du monde qu'elle n'a plus avec ce reste de commune mesure. C'est donc vers l'âme que doit se tourner le philosophe, puisque c'est dans son âme que résident la vérité et son propre salut. *La seconde* consiste à identifier la cité juste de *La République* à la cité parfaite, transparente, à l'équivalent de la cité de Dieu sur la terre. Platon devient un visionnaire qui construit la cité idéale comme utopie du Bien et dont la charge révolutionnaire se rapproche de celle du millénarisme chrétien. La référence à cette utopie autorise un usage terroriste du Bien contre les forces du mal. L'identification de *La République* à l'utopie d'un visionnaire conduit, bien évidemment, à la dévalorisation de la vie politique. Celle-ci, aux yeux de Platon, ne tire sa spécificité que du débat mené par les citoyens sur le bien public ; et ce débat, dans sa référence au Bien, ne cesserait que si la cité devenait l'incarnation du Bien ; hypothèse qui est exclue. Les critiques adressées par certains commentateurs à la cité platonicienne ne visent, en réalité, qu'une interprétation millénariste et chrétienne de cette cité qui en fait une sorte de camp de concentration du Bien.

C'est la manière dont Platon pense la politique et peut nous aider à la penser qui seule importe. Les opinions personnelles de Platon sur tel ou tel événement de son temps sont secondaires. Ainsi qu'on le constate à propos des gardiens de *La République*, c'est la recherche de ce qu'est le lien politique ou mieux le liant politique qui anime l'entreprise de Platon. La politique a-t-elle un domaine propre ? Telle est la question décisive et toujours actuelle qui concerne non seulement le philosophe mais aussi chaque citoyen. L'évacuation de cette question peut être interprétée comme un symptôme inquiétant. Le philosophe-roi ne nous est pas apparu comme un maître de vérité qui veut changer le peuple, quitte à en changer, pour reprendre la formule de Bertolt Brecht. Il représente le citoyen éclairé, celui qui va plus loin que les autres citoyens, parce qu'il sort des cités existantes, fait un détour par le savoir et y revient. Mais le savoir concernant la politique l'emporte sur la politique elle-même. L'amour du savoir sur la justice politique n'entraîne pas qu'on aime la politique. Il n'entraîne pas non plus qu'on la délaisse.

L'entreprise de Platon tourne autour d'une question essentielle : la politique a-t-elle quelque chose à voir avec le désir ? Le philosophe-roi n'aime pas le pouvoir. Dans la cité démocratique, telle que la présente Platon, tous les hommes ont un désir effréné d'exercer le pouvoir. S'il faut faire au désir sa part, l'idéal serait que les citoyens soient mus par le sentiment de la justice, sentiment éclairé par la raison, mais qu'ils n'aiment pas le pouvoir. Reste à se demander si le seul amour de la vérité peut maintenir une limite suffisamment ferme qui fasse obstacle au goût démesuré pour le pouvoir. Platon en appelle à l'intelligence des hommes, à leur intelligence guidée par le Bien. Mais cet appel serait sans force s'il ne prenait appui sur le *thumos*, lequel ne relève point du désir. Avec le *thumos* et les gardiens de la cité commence vraiment la vie politique.

Rappelons-le une dernière fois : l'émancipation du désir individuel vis-à-vis de la justice conduit la vie politique à sa perte, comme on le voit avec l'avènement des régimes décadents. Le philosophe-roi lui-même n'est pas à l'abri d'une telle émancipation. Si le pouvoir politique n'est bien exercé que par ceux qui ne l'aiment pas, il en résulte que le désir de la puissance ou du pouvoir ne doit pas affirmer sa singularité hors de tout ordre juste. Le fait que la politique relève radicalement de la justice – de la justice la meilleure, et non pas des désirs – n'est pas pour autant à interpréter comme un mépris, une dévalorisation de l'activité politique. L'aventure politique moderne, quant à elle, commencera avec l'émancipation des désirs de chacun. La disparition du *thumos* sera le symptôme de cette nouvelle orientation.

BIBLIOGRAPHIE

Deux ouvrages (jamais réédités) nous ont beaucoup éclairé :

Gaston MILHAUD, *Les Philosophes géomètres de la Grèce. Platon et ses prédécesseurs*, Vrin, 1934.

Brice PARAIN, *Essai sur le Logos platonicien*, Gallimard, 1942.

À ces deux ouvrages s'ajoute l'œuvre de Leo STRAUSS. Citons notamment :

La Cité et l'Homme, trad. O. Berrichon-Sedeyn, Agora, 1964.

Argument et action des Lois de Platon, trad. O. Berrichon-Sedeyn, Vrin, 1990.

Maïmonide, trad. Rémi Brague, PUF, 1988.

Rémi BRAGUE, *Du temps chez Platon et Aristote*, PUF, 1982.

Vincent DESCOMBES, *Le Platonisme*, PUF, collection SUP, 1971.

Bernard GROETHUYSEN, *Anthropologie philosophique*, NRF, Gallimard, 1952.

Henri JOLY, *Le Renversement platonicien : Logos, Épistémé, Polis*, Vrin, 1974.

Jacques RANCIÈRE, *Aux bords du politique*, Osiris, 1990.

Roger ZWEIFEL, « Leo Strauss et Machiavel », revue *Café*, nº 3, 1983.

Sur la poésie :

Witold GOMBROWICZ, *Contre les poètes*, Complexe, 1988.

Iris MURDOCH, *The Fire and the Sun. Why Plato Banished the Artists*, Chato & Windus, Londres, 1977.

Sur la tradition arabe et juive médiévale :

AL-FARABI, *Traité des opinions des habitants de la cité idéale*, Vrin, Paris, 1990.

L. V. BERMAN, « The Political Interpretation of the Maxim : The Purpose of Philosophy is the Imitation of God », *Studia Islamica*, Maisonneuve-Larose, Paris, 1946.

Medieval Political Philosophy : A Sourcebook (ed. by Ralph Lerner and Muhsin Mahdi), The Free Press of Glencoe, New York, 1963.

Signalons enfin :

JUNIUS, *Les Oligarques. Essai d'histoire partiale*, Minuit, 1945.

Lucien JERPHAGNON, *Vivre et philosopher sous les Césars*, Privat, 1980.

Dans l'état actuel des choses, la traduction des *Dialogues* par Léon Robin nous paraît être la plus fidèle au texte, in *Œuvres complètes*, Gallimard, La Pléiade, deux volumes, 1940-1942. Pour le texte grec voir les Éditions Budé.

L'interprétation chrétienne de Platon est systématisée dans le très beau livre du R. P. André Jean FESTUGIÈRE, *Contemplation et vie contemplative selon Platon*, Vrin, 1950.

TABLE

Achevé d'imprimer sur rotative
par l'imprimerie Darantiere
à Dijon-Quetigny
en janvier 2006

Dépôt légal : janvier 2006
N° d'impression : 25-1667

Imprimé en France